INCLUSÃO ESCOLAR

CIP-BRASIL. CATALOGAÇÃO NA PUBLICAÇÃO
SINDICATO NACIONAL DOS EDITORES DE LIVROS, RJ

M25li

Mantoan, Maria Teresa Eglér
Inclusão escolar – O que é? Por quê? Como fazer? / Maria Teresa Eglér Mantoan. – São Paulo: Summus, 2015.
96 p. (Novas arquiteturas pedagógicas ; 3)
Inclui bibliografia
ISBN 978-85-323-0999-0

1. Interação social 2. Inclusão escolar 3. Educação – Aspectos sociais. I. Título. II. Série.

14-18249 CDD-302
CDU: 316.45

www.summus.com.br

INCLUSÃO ESCOLAR
O QUE É? POR QUÊ? COMO FAZER?

MARIA TERESA EGLÉR MANTOAN

summus editorial

INCLUSÃO ESCOLAR
O que é? Por quê? Como fazer?

Editora executiva: **Soraia Bini Cury**
Assistente editorial: **Michelle Neris**
Coordenação da Coleção Novas
Arquiteturas Pedagógicas: **Ulisses F. Araújo**
Capa: **Alberto Mateus**
Projeto gráfico e diagramação: **Crayon Editorial**

7ª reimpressão, 2025

Summus Editorial
Departamento editorial
Rua Itapicuru, 613 – 7º andar
05006-000 – São Paulo – SP
Fone: (11) 3872-3322
http://www.summus.com.br
e-mail: summus@summus.com.br

Atendimento ao consumidor
Summus Editorial
Fone: (11) 3865-9890

Vendas por atacado
Fone: (11) 3873-8638
e-mail: vendas@summus.com.br

Impresso no Brasil

SUMÁRIO

APRENDEMOS QUANDO RESOLVEMOS nossas dúvidas, superamos nossas incertezas e satisfazemos nossa curiosidade.

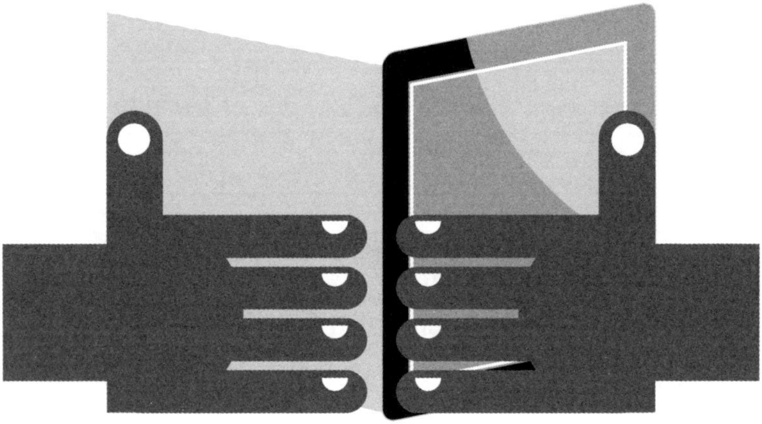

PREFÁCIO

O QUE É, POR QUE E COMO FAZER A INCLUSÃO ESCOLAR são alguns dos questionamentos feitos por Maria Teresa Eglér Mantoan para manifestar seu entendimento sobre o direito inalienável de todos à educação e para alicerçar uma concepção de educação inclusiva que atue na transformação da escola para que não se exclua nenhum estudante.

A ideia de educação inclusiva, que, nas últimas décadas, impulsionou mudanças significativas na educação em âmbito internacional, fundamentou a elaboração da Política Nacional de Educação Especial na Perspectiva da Educação Inclusiva* (Brasil, 2008) e orientou a transformação dos sistemas de ensino em sistemas educacionais inclusivos, registrando uma evolução sem precedentes no acesso de pessoas com deficiência à escola comum.

Afirmar que o Brasil mudou sua política de educação especial e melhorou em todos os aspectos – com a garantia da matrí-

* BRASIL. Ministério da Educação. Política Nacional de Educação Especial na Perspectiva da Educação Inclusiva. Brasília: MEC, 2008.

cula, do financiamento público e dos recursos de acessibilidade na escola comum – não significa, contudo, dizer que os nossos problemas históricos quanto à garantia do direito à educação aos estudantes com deficiência foram resolvidos.

Não podemos esquecer que nosso passado recente revela uma história de exclusão escolar das pessoas com deficiência. Por muitas décadas, alegando-se incapacidade dos estudantes com deficiência de acompanhar os demais alunos, manteve-se a prática de segregação, reforçada pelo paradigma da normalização. Tal estado de coisas perpetuou-se também no período da integração, que nada mais fora que um anúncio da possibilidade de inclusão escolar para aqueles estudantes que conseguissem adequar-se à escola comum, sem que esta devesse revisar seus pressupostos.

Nesta obra, questionam-se a concepção e as práticas homogeneizadoras da escola que marcaram estruturalmente a educação do país, produzindo o preconceito e as distintas formas de discriminação.

A edição revista que ora se apresenta analisa o contexto de mudanças que começa a abalar as bases estruturantes do modelo segregacionista de educação no Brasil. Constatando os avanços ocorridos em relação aos marcos legais, políticos e educacionais que fundamentam a atual política nacional de educação especial, são discutidos os desafios da inclusão escolar, propostas e possibilidades efetivas de superação de problemas enfrentados na escola.

A partir da Política de Educação Especial na Perspectiva da Educação Inclusiva, verifica-se a quebra da hegemonia do modelo de segregação absoluto nas normas educacionais. Os documentos legais e as ações institucionais subsequentes reforçaram a perspectiva inclusiva e, cada vez mais, fortaleceram o novo rumo da modalidade de educação especial – que passa a ser responsável pela organização e oferta de atendimento educacional especializado (AEE), apoiando assim a inclusão escolar do seu público-alvo.

Neste livro, Maria Teresa Mantoan registra e analisa o caminho percorrido no último decênio e aponta os desafios para consolidar os avanços obtidos, assim como as perspectivas de continuidade da luta por uma educação de todos e de todas.

A professora alerta-nos para a necessidade de profundas mudanças na escola, por meio do questionamento à organização curricular e ao trabalho pedagógico, objetivando uma restruturação que possibilite eliminar os diversos fatores que produzem a exclusão escolar e promovendo, assim, o desenvolvimento inclusivo dos sistemas de ensino.

Nessa perspectiva, a emergência de propostas educacionais avançadas em sistemas de ensino que começam a se modificar e a investir na qualidade da oferta educacional para todos significa a possibilidade de concretizar o desafio da inclusão escolar.

Conhecendo o potencial teórico da educação inclusiva e sua implicação no campo da mobilização social, a coordenadora do Laboratório de Estudos e Pesquisas em Ensino e Diferença (Leped), da Unicamp, afirma a importância da análise do nosso contexto, não apenas para entender as dificuldades da escola de atender estudantes com deficiência e outros como para apontar o propósito da inclusão como objetivo primordial dos sistemas de ensino.

Uma das máximas da autora é a de que incluir é não deixar ninguém de fora da escola comum, ou seja, ensinar a todas as crianças, indistintamente. Ela propõe um deslocamento da visão educacional que se sente ameaçada pela inclusão para uma perspectiva que se abre para os novos saberes, os novos estudantes e as outras formas de ensinar e avaliar a aprendizagem.

Assim, encontramos, nesta obra, um chamamento à capacidade que as escolas têm de romper com tudo que descaracteriza a forma de ser educador e de fazer a educação e à possibilidade que têm de se transformar em ambientes educacionais inclusivos, assegurando o acesso e o prosseguimento da escolaridade a todos os estudantes, considerando as características individuais de aprendizagem.

O caminho de uma escola aberta para todos é o que se vislumbra atualmente com a institucionalização e a expansão de políticas públicas educacionais que superam a segregação e a discriminação e assumem o compromisso com a identificação e a eliminação das diversas barreiras à inclusão.

Tais políticas visam induzir à inovação pedagógica, alterando o cerne da formação inicial e continuada de professores, promovendo a adequação dos ambientes escolares, a institucionalização de serviços e a disponibilização de recursos para acessibilidade. Tudo isso assume significado quando entendemos as várias facetas da ruptura com o velho modelo de segregação e sentimo-nos revigorados com as mudanças trazidas pelo novo paradigma da inclusão.

Não há receita para mudar a escola!

Reinventar nossas práticas e mentalidades é parte da tarefa do nosso tempo. Tempo de inclusão!

Claudia Pereira Dutra
Secretária Nacional de Educação Especial do Ministério da Educação entre 2003 e 2013

Martinha Clarete Dutra dos Santos
Diretora de Políticas de Educação Inclusiva do Ministério da Educação

APRESENTAÇÃO

CARO COLEGA,

minha vida de professora começou cedo – aos 17 anos –, e já faz um bom tempo! Passei por inúmeras experiências escolares. Dei aulas para crianças, jovens, adultos, em escolas regulares e especiais. Hoje, estou no ensino universitário, como docente da Faculdade de Educação da Universidade Estadual de Campinas (Unicamp). Lecionei até 2013 no curso de Pedagogia e continuo como professora plena, ministrando disciplinas e orientando alunos nos cursos de mestrado, doutorado e pós-doutorado em Educação. Desde 1996, coordeno um grupo de pesquisa na Unicamp, o Laboratório de Estudos e Pesquisas em Ensino e Diferença (Leped), no qual oriento e desenvolvo trabalhos científicos.

Gosto e sempre gostei do que faço. Minha carreira é fruto do meu encanto pela educação.

Neste livro, quero lhe falar de minhas ideias sobre o ensinar e o aprender, compartilhando o que vivi em minha caminhada educacional. Minha intenção não é simplesmente expor o que penso, mas dialogar comigo mesma e com você, leitor, sobre problemas, questões, dúvidas que carrego no dia a dia de trabalho, além de compartilhar bons momentos, sucessos e também os meus sonhos. São muitos os percalços e as alegrias que vivemos nessa lida de escola. A gente deixa passar, mas não devia.

Sempre existe a possibilidade de as pessoas perceberem que podemos enxergar de outros ângulos o mesmo objeto/situação, que conseguimos ultrapassar obstáculos que julgamos intransponíveis, que somos capazes de realizar o que tanto tememos de início, vencer nossas inseguranças, de nos deixar levar por novas paixões... As transformações movem o mundo, modificando-o, tornando-o sempre diferente, porque passamos a entendê-lo e a vivê-lo de outros modos.

Como estão hoje as nossas escolas? Houve mudanças após a primeira edição deste livro? Já se passaram dez anos...

Todos sabemos que as transformações da escola dependem de um compromisso coletivo de professores, gestores, pais e da sociedade em geral. É difícil o dia a dia da sala de aula. Esse desafio que enfrentamos tem limite – o da crise educacional que vivemos, tanto pessoal como coletivamente, deste ofício que exercemos.

Em que nos apegamos para nos sustentar nessa crise? Será que todos temos consciência de sua gravidade e complexidade? E do nosso papel para mantê-la ou revertê-la? O que nos tem guiado para não perdermos o norte de nossa trajetória profissional?

Ideias e verdades não nos tiram inteiramente das dificuldades e muito menos são definitivas. Temos de nos habituar a reaprender constantemente com as nossas ações, individuais ou coletivas: essa é uma atitude que funciona bem.

E o que fazemos de nossos encontros formais e informais nas escolas para esse fim? Lamentamos o nosso destino, o destino de nossos alunos, ou aproveitamos esse tempo para saber para onde queremos ir? Que novas medidas temos de adotar para romper o cerco do pessimismo e da incerteza, do fracasso e da mesmice de nossa atividade profissional?

Quantas questões já de início! Seria essa a melhor maneira de se iniciar um livro? E por que não, se minha vontade é sair em busca de respostas – sempre inconclusas, sem dúvida, mas que nos orientam, quando vamos ao encontro de melhores condições de ensinar.

Estou convicta de que, na maioria das vezes, remo contra a maré educacional. Mas já estou habituada, pois faz tempo que ensino. E do meu jeito!

Reluto em admitir certas medidas adotadas pela escola para reagir à diferença de todos nós. De fato, elas existem, persistem, insistem em se manter, apesar de todo o esforço despendido para se demonstrar que as pessoas são seres singulares, que estão sempre se diferenciando, interna e externamente e, portanto, não cabem, nem caberão, em categorizações, modelos, padrões.

Mais do que demonstrar, tenho procurado reconstruir, tijolo por tijolo, como uma obra de restauração minuciosa e ciosa de sua importância, a organização do trabalho pedagógico, das grandes linhas aos seus menores detalhes – ou seja, dos princípios, dos valores e da estrutura macroeducacional às atividades e iniciativas que brotam do cotidiano escolar.

Precisamos ressignificar o papel da escola com professores, pais e comunidades interessadas e instalar, no seu cotidiano, formas mais solidárias e plurais de convivência. São as escolas que têm de mudar e não os alunos, para que estes tenham assegurado o direito de aprender, de estudar nelas! O direito à educação é indisponível e natural, não admitindo barganhas. Não há o que negociar quando nos propomos a lutar por uma escola para todos, sem discriminações, sem ensino à parte, diferenciado para os mais e os menos privilegiados. Meu objetivo, em uma palavra, é que as escolas sejam instituições abertas incondicionalmente a todos os alunos e, portanto, inclusivas.

Ambientes humanos de convivência e de aprendizado são plurais pela própria natureza e, por isso, a educação escolar não pode ser pensada nem realizada senão a partir da ideia de uma formação integral do aluno – segundo suas capacidades e seus talentos – e de um ensino participativo, solidário, acolhedor.

A perspectiva de formar uma nova geração dentro de um projeto educacional inclusivo é fruto do exercício diário da cooperação, da colaboração, da convivência, do reconhecimento e do valor das diferenças, que marcam a multiplicidade, a natureza mutante de todos nós.

Aprendemos a ensinar segundo a hegemonia e a primazia dos conteúdos acadêmicos e temos, naturalmente, muita dificuldade de nos desprender desse aprendizado, que nos refreia nos processos de ressignificação de nosso papel de professor seja qual for o nível de ensino em que atuamos.

Vale perguntar, então, se estamos, verdadeiramente, certos de que o nosso papel é o de transmitir um saber fechado e fragmentado, em tempos e disciplinas escolares que nos aprisionam nas grades curriculares. Fomos reduzidos a meros instrutores, que conduzem e norteiam a capacidade de conhecer de nossos alunos, transformando-os em seres passivos e acomodados a aprender o que definimos como verdade? Já nos consultamos sobre o nosso compromisso educacional maior, seja no nosso íntimo, seja no coletivo de nossas escolas, em nossas organizações corporativas?

Essas questões de fundo precisam ser mais expostas e debatidas, porque é fundamental que tenhamos bem claro o nosso sonho educacional, ou melhor, o que queremos viver quando dedicamos horas, dias, anos a ensinar.

Estamos todos no mesmo barco e temos de assumir o comando e escolher a rota que mais diretamente nos pode levar ao que pretendemos. Essa escolha não é solitária e só vai valer se somarmos nossas forças às de outros colegas, pais, educadores cientes de que as soluções coletivas são as mais acertadas e eficientes.

Não esperemos que as respostas venham de fora – dos sistemas educacionais, das organizações internacionais, dos bancos financiadores de projetos. Eles poderão tolher nossa liberdade de conduzir o barco, desrespeitando nossa identidade nacional em todas as suas especificidades e, pior, desconhecendo nossa capacidade de estabelecer rotas educacionais próprias, que vão se diferenciando em cada caminho que se traça para que nos aproximemos da escola com a qual sonhamos. Que não venham para nos transmitir suas experiências bem-sucedidas, e universalizantes, mas que possam trabalhar conosco para concretizar nossos desejos locais, atendendo às características, à vida e ao contexto de cada escola.

Desde criança vislumbrei como seria uma escola em que eu pudesse estudar e ensinar, e em cada etapa de meus estudos fui acrescentando, modificando, aperfeiçoando o seu esboço. Sofri muito nos bancos escolares, pela dificuldade de me adaptar à rigidez e às incompreensões dos ambientes de estudo dos quais participei. Hoje, reconheço-me em muitas crianças, encontro-me no olhar de alunos que, como eu, discordam da escola em que estudam e se desencantam com ela. Revivo meus tempos de estudante.

Voltando ao tema deste livro, sobre o qual tenho me dedicado nestes últimos anos de trabalho, ele será apresentado (didaticamente?) por meio de três questões que são recorrentes em palestras, encontros e reuniões das quais tenho participado do início dos anos 1990 até os dias de hoje. Quanto tempo e tantas dúvidas! Pretendo responder, em três capítulos: a) o que é inclusão escolar; b) quais são as razões pelas quais ela tem sido proposta e quem são seus beneficiários; c) e como fazê-la acontecer nas salas de aula de todos os níveis de ensino. Muita pretensão de minha parte? Quem sabe... Não sei se conseguirei, mas assim espero.

O fato é que não posso perder o foco desta obra e tendo a pegar atalhos, a fazer meus zigue-zagues, contornos de pensamento.

Não existe "o" caminho, mas caminhos a escolher, decisões a tomar. E escolher é sempre correr riscos. Que seja assim.

Com carinho,

Maria Teresa Eglér Mantoan
Campinas, novembro de 2014

.....

1

O QUE É INCLUSÃO ESCOLAR

O MUNDO GIRA E NESSAS VOLTAS vai mudando. Nelas vamos nos envolvendo e convivendo com o novo, sem nos aperceber de momento o que o tempo e o trabalho conseguem transformar. Há, contudo, aqueles que são mais sensíveis, os que estão de prontidão, "plugados" nessas reviravoltas. Estes dão os primeiros sinais de alerta ao anteverem a novidade, a necessidade e a emergência do novo, a urgência de adotá-lo para não sucumbir ao que é velho e ultrapassado.

Esses pioneiros – as sentinelas do mundo – estão sempre perto e não têm muitas saídas para se esquivar do ataque frontal das inovações. São pessoas que despontam nos diferentes âmbitos das atividades humanas e, num mesmo momento, começam a transgredir, a ultrapassar as fronteiras do conhecimento, dos costumes, das artes, inaugurando, a qualquer custo, um novo cenário mundial para as manifestações e atividades humanas. Eles têm clareza de seus propósitos e vão até o fim para defendê-los.

Queiramos/saibamos ou não, estamos sempre agindo, pensando, propondo, refazendo, aprimorando, retificando, excluindo e ampliando com base em paradigmas.

Conforme pensavam os gregos, os paradigmas podem ser definidos como modelos, exemplos abstratos que se materializam de modo imperfeito no mundo concreto. Podem também ser entendidos, segundo uma concepção moderna, como um conjunto de regras, normas, crenças, valores e princípios que são partilhados por um grupo em dado momento histórico e norteiam o nosso comportamento até entrarem em crise, porque não nos satisfazem mais, não dão mais conta dos problemas que temos de solucionar. Assim Thomas Kuhn, em sua obra *A estrutura das revoluções científicas* (1962), e outros pensadores, como Edgar Morin, em *O paradigma perdido: a natureza humana* (2000), definem paradigma.

Uma crise de paradigma é uma crise de concepção, de visão de mundo; quando as mudanças são mais radicais, temos as chamadas revoluções científicas.

O período em que se estabelecem as novas bases teóricas suscitadas pela mudança de paradigmas é bastante difícil, pois caem por terra os fundamentos sobre os quais a ciência e os conhecimentos se assentavam, sem que se finquem de todo os pilares que os sustentarão daí por diante.

É inegável que os velhos paradigmas da modernidade continuam sendo contestados e o conhecimento, matéria-prima da educação escolar, mais do que nunca, passa por uma reinterpretação.

As diferenças culturais, sociais, étnicas, religiosas e de gênero, entre outras, são cada vez mais desveladas e destacadas, sendo esse descortinar condição imprescindível para entender como aprendemos e compreendemos o mundo e a nós mesmos.

Nosso modelo educacional mostra há algum tempo sinais de esgotamento, e, nesse vazio de ideias que acompanha a crise paradigmática, surge o momento oportuno das transformações.

Um novo paradigma do conhecimento está emergindo das interfaces e das novas conexões que se formam entre saberes outrora isolados e partidos e dos encontros da subjetividade humana com o cotidiano, o social, o cultural. Redes cada vez mais complexas de relações, geradas pela velocidade das comunicações e informações, estão rompendo as fronteiras das disciplinas e estabelecendo novos marcos de compreensão entre as pessoas e do mundo em que vivemos.

Diante dessas novidades, a escola não pode continuar ignorando o que acontece ao seu redor, nem anulando e marginalizando as diferenças nos processos pelos quais forma e instrui os alunos. E muito menos desconhecer que aprender implica ser capaz de dar significado a objetos, fatos, fenômenos, à vida. Expressar, dos mais variados modos, o que sabemos implica representar o mundo com base em nossas origens, em nossos valores e sentimentos.

O tecido da compreensão não se trama apenas com os fios do conhecimento científico. Como Santos (1995) aponta, a comunidade acadêmica não pode continuar a pensar que só há um único modelo de cientificidade e uma única epistemologia e, no fundo, todo o resto é um saber vulgar, um senso comum que ela contesta em todos os níveis de ensino e de produção do saber. A ideia de que nosso universo de conhecimento é muito mais amplo do que aquele que cabe no paradigma da modernidade traz a ciência para um campo de luta mais igual, em que ela tem de reconhecer outras formas de entendimento e aproximar-se delas, perdendo a posição hegemônica em que se mantém e deixando de ignorar o que foge aos seus domínios.

A exclusão escolar manifesta-se das mais diversas e perversas maneiras, e quase sempre o que está em jogo é a ignorância do aluno diante dos padrões de cientificidade do saber escolar.

A escola se democratizou, abrindo-se para novos grupos sociais, mas não fez o mesmo em relação aos conhecimentos trazidos por esses grupos às salas de aula. Exclui, ainda, os que ignoram o conhecimento que ela valoriza e, assim, entende que a democratização é massificação de ensino, barrando a possibilidade de diálogo entre diferentes lugares epistemológicos.

O pensamento subdividido em áreas específicas é uma grande barreira para os que pretendem, como nós, inovar a escola. Nesse sentido, é imprescindível questionar o modelo que rege o ensino, dos primeiros passos de nossa formação escolar aos níveis educacionais mais graduados. Toda trajetória escolar precisa ser repensada, considerando-se os efeitos cada vez mais nefastos das hiperespecializações dos saberes (Morin, 2001), que dificulta a articulação de uns com os outros e nos proporciona igualmente uma visão do essencial e do global.

O ensino curricular de nossas escolas, organizado em disciplinas, isola, separa os conhecimentos, em vez de reconhecer suas inter-relações. Contrariamente, o conhecimento evolui por recomposição, contextualização e integração de saberes em redes de entendimento; não reduz o complexo ao simples, tornando maior a capacidade de reconhecer o caráter multidimensional dos problemas e de suas soluções.

Os sistemas escolares relutam muito em mudar de direção porque também estão organizados em um pensamento que recorta a realidade, que permite dividir os alunos em normais e com deficiência, as modalidades de ensino em regular e especial, os professores em especialistas nesse e naquele assunto. A lógica dessa organização é marcada por uma visão determinista, mecanicista, formalista, reducionista, própria do pensamento científico moderno, que ignora o subjetivo, o afetivo, o criador – sem os quais é difícil romper com o velho modelo escolar e produzir a reviravolta que a inclusão impõe.

Essa reviravolta exige, em nível institucional, a extinção das categorizações e das oposições excludentes – iguais *versus* diferentes, normais *versus* com deficiência – e, em nível pessoal, que busquemos articulação, flexibilidade, interdependência e transversalidade entre as partes que se conflitavam em nossos pensamentos, ações e sentimentos. Tais medidas se confrontam com as escolas conservadoras, tradicionais, em que ainda muitos de nós atuamos e nas quais fomos formados para ensinar.

Se o que pretendemos é que a escola seja inclusiva, é urgente que seus planos se redefinam para uma educação voltada à cidadania global, plena, livre de preconceitos, que reconhece e valoriza as diferenças.

Chegamos a um impasse, como afirma Morin (2001), pois, para se reformar a instituição, temos de reformar a mente, mas não se pode fazê-lo sem uma prévia reforma das instituições.

Integração ou inclusão?

Tendemos a nos desviar dos desafios de uma mudança efetiva de nossos propósitos e de nossas práticas pela distorção/redução de uma ideia original. A indiferenciação entre o processo de integração e o de inclusão escolar é prova dessa tendência e reforça a vigência do paradigma tradicional dos serviços educacionais.

O debate acerca da integração e da inclusão criou inúmeras e infindáveis polêmicas, gerando as corporações de professores e de profissionais da área de saúde que atuam no atendimento às pessoas com deficiência – os paramédicos e outros, que tratam clinicamente crianças e jovens com problemas escolares e de adaptação social. A situação não é mais a mesma, embora ainda existam alguns que não conseguem distinguir a inclusão total da inserção parcial de alunos com ou sem deficiência nas escolas comuns.

Embora tenhamos caminhado muito no Brasil, a inclusão ainda mexe com as associações de pais que adotam paradigmas tradicionais de assistência às suas clientelas; afeta professores da educação especial, que se sentem temerosos de perder o espaço que conquistaram nas escolas e classes especiais; e envolve ainda grupos de pesquisa das universidades (Mantoan, 2002; 2013; Doré, Wagner e Brunet, 1996).

Depois de tantos anos de implementação da inclusão nas escolas brasileiras, persiste em professores do ensino regular a ideia de que não estão preparados para ensinar a todos os alunos. Consideram-se incompetentes para lidar com a diferença nas salas de aula, sobretudo quando se trata de ensinar os alunos com deficiência, pois seus colegas especializados sempre receberam encaminhamentos desses alunos para estudarem em suas classes e escolas especiais, sendo distinguidos na comunidade escolar pela capacidade de fazê-los aprender (Mittler, 2000).

Mas a situação vem mudando sobremaneira. Uma porcentagem considerável de alunos com deficiência frequenta as escolas comuns diante dos matriculados em escolas especiais, mas os casos de deficiência intelectual mais graves, de alunos com surdez e cegos que cursam escolas especiais, ainda têm sido escolarizados à parte dos demais colegas e há movimentos que exigem dos poderes públicos a manutenção dessa situação de exclusão.

Felizmente, é inexpressivo no momento o número de pais de alunos sem deficiência que não admitem a inclusão, por acharem que as escolas vão baixar e/ou piorar ainda mais a qualidade de ensino se tiverem de receber esses novos alunos nas salas de aulas comuns. Estamos pesquisando a questão e obtendo resultados que demonstram que é insignificante esse argumento contrário à inclusão escolar.

Os dois vocábulos – "integração" e "inclusão" –, conquanto tenham significados semelhantes, são empregados para expressar situações de inserção diferentes e fundamentam-se em posicionamentos teórico-metodológicos divergentes. Destaquei os termos porque acho ainda necessário frisá-los, embora admita que essa distinção já poderia estar bem definida no contexto educacional.

O processo de integração escolar tem sido entendido de diversas maneiras. O uso do vocábulo "integração" refere-se mais especificamente à inserção de alunos com deficiência nas escolas comuns, mas seu emprego dá-se também para designar alunos agrupados em escolas especiais para pessoas com deficiência, ou mesmo em classes especiais (se existentes), grupos de lazer ou residências para pessoas com deficiência.

Os movimentos em favor da integração de crianças com deficiência surgiram nos países nórdicos em 1969, quando questionaram as práticas sociais e escolares de segregação. Sua ideia fundamental é o princípio de normalização, que, não sendo específico da vida escolar, atinge o conjunto de manifestações e atividades humanas e todas as etapas da vida das pessoas, sejam elas afetadas ou não por uma incapacidade, dificuldade ou inadaptação.

Pela integração escolar, o aluno tem acesso às escolas por meio de um leque de possibilidades educacionais, que vai de inserção às salas de aula do ensino regular ao ensino em escolas especiais.

O processo de integração ocorre dentro de uma estrutura educacional que oferece ao aluno a oportunidade de transitar no sistema escolar – da classe regular ao ensino especial – em todos os seus tipos de atendimento escolar especiais: classes especiais em escolas comuns, ensino itinerante, salas de recursos, classes hospitalares, ensino domiciliar e outros. Trata-se de uma concepção de inserção parcial, porque o sistema prevê serviços educacionais segregados.

É sabido (e alguns de nós têm experiência própria no assunto) que os alunos que migram das escolas comuns para os serviços de educação especial muito raramente se deslocam para os menos segregados e, também raramente, retornam às/ingressam nas salas de aula do ensino regular.

Na integração escolar, nem todos os alunos com deficiência cabem nas turmas de ensino comum, pois há uma seleção prévia dos que estão aptos à inserção. Para esses casos, são indicados: a individualização dos programas escolares; currículos adaptados; avaliações especiais; redução dos objetivos educacionais para compensar as dificuldades de aprender. Em suma: a escola não muda como um todo, mas os alunos têm de mudar para se adaptar às suas exigências.

A integração escolar pode ser entendida como a justaposição do ensino especial ao regular, ocasionando um inchaço dessa modalidade, pelo deslocamento de profissionais, recursos, métodos e técnicas da educação especial às escolas comuns.

Quanto à inclusão, questiona não somente as políticas e a organização da educação especial e da educação comum como também o próprio conceito de integração. Ela é incompatível com a integração, pois prevê a inserção escolar de forma radical, completa e sistemática. Todos os alunos devem frequentar as salas de aula do ensino regular.

O objetivo da integração é inserir um aluno, ou um grupo de alunos, que foi anteriormente excluído. O mote da inclusão, ao contrário, é o de não deixar ninguém no exterior do ensino regular, desde o começo da vida escolar. As escolas inclusivas propõem um modo de organização do sistema educacional que considera as necessidades de todos os alunos, estruturado em função dessas necessidades.

A inclusão implica uma mudança de perspectiva educacional, pois não atinge apenas alunos com deficiência e os que apresentam dificuldades de aprender, mas todos os demais, para que obtenham sucesso na corrente educativa geral. Os alunos com deficiência constituem uma grande preocupação para os educadores inclusivos. Todos sabemos, porém, que a maioria dos que fracassam na escola não vem do ensino especial, mas possivelmente acabará nele (Mantoan, 1999).

O radicalismo da inclusão vem do fato de exigir uma mudança de paradigma educacional, à qual já nos referimos anteriormente. As escolas inclusivas atendem a todos os alunos sem discriminar, sem trabalhar à parte com alguns deles, sem estabelecer regras específicas para planejar, ensinar e avaliar alguns por meio de currículos adaptados, atividades diferenciadas, avaliação simplificada em seus objetivos... Pode-se, pois, imaginar o impacto da inclusão nos sistemas de ensino!

Na perspectiva da inclusão, o sistema de ensino é provocado, desestabilizado, pois o objetivo é não excluir ninguém, melhorando a qualidade do ensino das escolas e atingindo todos os alunos que fracassam nas salas de aula.

A metáfora da inclusão é o caleidoscópio. Essa imagem foi bem descrita por uma de suas grandes defensoras, Marsha Forest. Tive o privilégio de conhecê-la em Toronto, no Canadá, em 1996, quando a visitei em sua casa. Infelizmente, ela faleceu em 2001, quando estava prestes a vir ao Brasil para participar de um grande evento educacional e conhecer os projetos inclusivos de nossas redes pública e privada.

Em sua homenagem, destaco como Marsha (1987, p. 23) se refere ao caleidoscópio educacional: "[Ele] precisa de todos os pedaços que o compõem. Quando se retiram pedaços dele, o desenho se torna menos complexo, menos rico. As crianças se desenvolvem, aprendem e evoluem melhor em um ambiente rico e variado".

A distinção entre integração e inclusão é um bom começo para esclarecermos o processo de transformação das escolas, de modo que possam receber, indistintamente, todos os alunos, nas salas de aula comuns e em todos os níveis e etapas de ensino.

Temos já um bom número de ideias para analisar, comparar e reinterpretar o processo de implementação da inclusão escolar. Elas serão certamente retomadas, revisadas e ampliadas no próximo capítulo.

.....

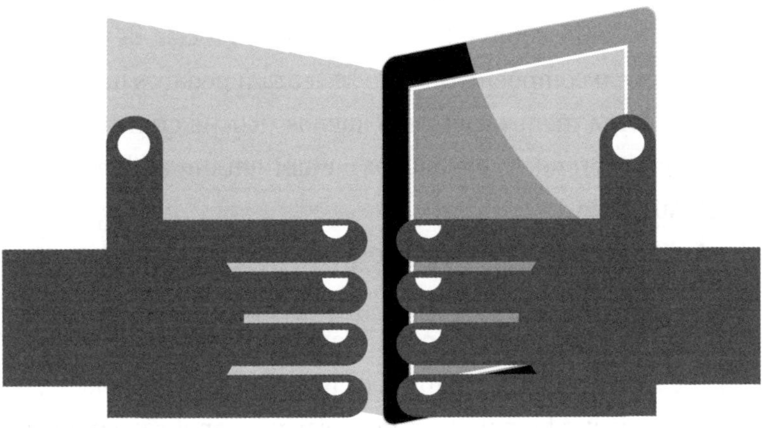

2

POR QUE EFETIVAR A INCLUSÃO ESCOLAR

A ESCOLA BRASILEIRA É MARCADA pelo fracasso e pela evasão de uma parte significativa dos seus alunos, que são marginalizados pelo insucesso de toda ordem, por privações constantes e pela baixa autoestima resultante da exclusão escolar e social – alunos que são vítimas de seus pais, de seus professores e, sobretudo, das condições de pobreza em que vivem, em todos os sentidos. Eles são sobejamente conhecidos das escolas, pois repetem as suas séries várias vezes, são expulsos, evadem e ainda são rotulados como malnascidos e com hábitos que fogem ao protótipo do estudante da educação formal.

As soluções sugeridas para reverter esse quadro parecem reprisar as mesmas medidas que o criaram. Em outras palavras, pretende-se resolver a situação com ações que não recorrem a outros meios, não buscam novas saídas nem vão a fundo nas causas geradoras do fracasso escolar. Esse fracasso continua sendo do aluno, pois a escola reluta em admiti-lo como seu.

A inclusão total e irrestrita é uma oportunidade para reverter a situação da maioria de nossas escolas, as quais atribuem aos alunos as deficiências que são do próprio ensino ministrado por elas – sempre se avalia o que o aluno aprendeu, o que ele não sabe, mas raramente se analisa "o que" e "como" a escola ensina, de modo que os alunos não sejam penalizados pela repetência, pela evasão, pela discriminação – pela exclusão, enfim.

Estou convicta de que todos nós, professores, sabemos que é preciso expulsar a exclusão de nossas escolas e até de fora delas, e que os desafios são necessários a fim de que possamos avançar, progredir, evoluir em nossos empreendimentos. É fácil receber os "alunos que aprendem apesar da escola" e é mais fácil ainda encaminhar, para classes e escolas especiais, os que têm dificuldades de aprendizagem e (tendo ou não algum tipo de deficiência) para os programas de reforço e aceleração. Por meio dessas válvulas de escape, continuamos a discriminar os alunos que não damos conta de ensinar. Estamos habituados a repassar nossos problemas para outros colegas, os professores "especializados"; assim, não recai sobre nós o peso de nossas limitações profissionais.

Focalizei a necessidade de inclusão partindo de três questões que são alvo das iniciativas inclusivas, nas suas pretensões de "revitalizar" a educação escolar. Abordaremos cada uma delas a seguir.

A questão da identidade *versus* diferença

A inclusão e suas práticas giram em torno de uma questão de fundo: a produção da identidade e da diferença. Embora a inclusão seja uma prática que está penetrando pouco a pouco em nossas escolas, suas propostas consideram-na com a presença de todos os alunos, com e sem deficiência, nas salas de aulas comuns? Essas propostas reconhecem e valorizam a natureza multiplicativa da diferença (Silva, 2000) de todos os alunos como condição para que haja avanço, mudanças, desenvolvimento e aperfeiçoamento da educação escolar?

Ao avaliarmos propostas de ação educacional que visam à inclusão, encontramos habitualmente dimensões éticas conservadoras. Essas orientações, em geral, expressam-se pela tolerância e pelo respeito ao outro – sentimentos que precisamos analisar com mais cuidado para entender o que podem esconder em suas entranhas.

A tolerância, sentimento aparentemente generoso, pode marcar certa superioridade de quem tolera (Silva, 2000). O respeito, como conceito, implica certo essencialismo, uma generalização, que vem da compreensão de que as diferenças são fixas, definitivamente estabelecidas, de tal modo que só nos resta respeitá-las.

Nessas orientações, entende-se a condição de deficiência como "fixada" no indivíduo, como se fosse uma marca indelével, a qual só nos cabe aceitar passivamente. Pensa-se que nada poderá evoluir, além do previsto, no quadro geral das suas especificações estáticas: os níveis de comprometimento, as categorias educacionais, os quocientes de inteligência, as predisposições para o trabalho e outras tantas mais. Trata-se da fixação de uma identidade, como ocorre com todas as minorias que buscam afirmação social.

A diferença, na compreensão mais geral, "é o que o outro é" – ele é branco, ele é religioso, ele é deficiente, como nos afirma Silva (2000), "é o que está sempre no outro", que está separado de nós para ser protegido ou para nos protegermos dele. Em ambos os casos, somos impedidos de realizar e de conhecer a riqueza da experiência da diferença e da inclusão.

A identidade "é o que se é", como afirma o mesmo autor (*ibidem*) – sou brasileiro, sou negro, sou estudante...

A ética, em sua dimensão crítica e transformadora, referenda nossa luta pela inclusão escolar. A posição é oposta à ética conservadora, porque entende que a diferença está sendo constantemente feita e refeita, já que vai se diferenciando infinitamente. A diferença é produzida e não pode ser naturalizada, como pensamos, habitualmente. Essa produção merece ser compreendida, e não apenas respeitada e tolerada.

As ações educativas têm como eixos o convívio com a diferença e a aprendizagem como experiência relacional, participativa, que produz sentido para o aluno, pois contempla sua subjetividade, embora construída no coletivo das salas de aula.

É certo que relações de poder presidem a produção das diferenças na escola, mas com base em uma lógica que não mais se baseia na igualdade como categoria assegurada por princípios liberais, inventada e decretada, *a priori*, que trata a realidade escolar com a ilusão da homogeneidade, promovendo e justificando a fragmentação do ensino em disciplinas, modalidades de ensino regular ou especial, seriações, classificações, hierarquias de conhecimento.

Por tudo isso, a inclusão é produto de uma educação plural, democrática e transgressora. Ela provoca uma crise escolar, ou melhor, uma crise de identidade institucional – que, por sua vez, abala a identidade fixada dos professores e faz que seja ressignificada a identidade fixada do aluno. O aluno da escola inclusiva é outro sujeito, que não tem uma identidade determinada por modelos ideais, permanentes, essenciais.

O direito à diferença nas escolas desconstrói, portanto, o sistema atual de significação escolar excludente, normativo, elitista, com suas medidas e seus mecanismos de produção da identidade e da diferença.

Se a igualdade é referência, podemos inventar o que quisermos para agrupar e rotular os alunos com deficiência. Mas se a diferença é tomada como parâmetro, não fixamos mais a igualdade como norma e fazemos cair toda uma hierarquia das igualdades e diferenças que sustentam a "normalização". Esse processo – a normalização – pelo qual a educação especial tem proclamado seu poder propõe sutilmente, com base em características devidamente selecionadas como positivas, a eleição arbitrária de uma identidade "normal" como padrão de hierarquização e de avaliação de alunos, de pessoas. Contrariar a perspectiva de uma escola que se pauta pela igualdade de oportunidades é fazer diferença, reconhecê-la e valorizá-la.

Temos, então, de reconhecer as diferentes culturas, a pluralidade das manifestações intelectuais, sociais e afetivas; enfim, precisamos construir uma nova ética escolar, que advém de uma consciência ao mesmo tempo individual, social.

No desejo da homogeneidade, que tem muito em comum com a democracia de massa, destruíram-se inúmeras diferenças que hoje consideramos valiosas e importantes.

Ao nos referirmos, atualmente, a uma cultura global e à globalização, parece contraditória a luta de grupos minoritários por uma política identitária, pelo reconhecimento de suas raízes (como fazem as pessoas com deficiência, os hispânicos, os negros, as mulheres, os homossexuais). Devido a isso, contesta-se hoje a modernidade nessa sua aversão pela diferença.

Nem todas as diferenças necessariamente inferiorizam as pessoas. Há diferenças e há igualdades – nem tudo deve ser igual, assim como nem tudo deve ser diferente. Então, como conclui Santos (1995), é preciso que tenhamos o direito de sermos diferentes quando a igualdade nos descaracteriza e o direito de sermos iguais quando a diferença nos inferioriza.

Não há mais como recusar, negar, desvalidar a diferença na sociedade brasileira e no cenário internacional. Resta-nos, pois, reconhecer o sentido a ela atribuído: diferença como padrão produzido pelos que procuram se diferenciar cada vez mais para manter a estabilidade de sua identificação; ou diferença como motivo pelo qual se coloca em xeque a sua produção social, como um valor negativo, discriminador e marginalizante.

A questão legal

Mesmo sob a garantia da lei, que assegura o direito de todos à educação, podemos utilizar o conceito de diferença para produzir preconceitos, discriminação e exclusão – como acontece com as políticas educacionais que ignoram que a diferença representa a unicidade do ser humano, não sendo aplicada para categorização e inferiorização de quaisquer indivíduos. Temos de ficar atentos!

Historicamente, as escolas e classes especiais foram constituídas por alunos que alegadamente não estariam aptos a acompanhar seus colegas de turma: indisciplinados, filhos de lares pobres, negros e outros. Esse mecanismo, ancorado em laudos médicos e queixas escolares recorrentes, promoveu uma verdadeira eugenia, retirando das classes comuns aqueles que poderiam ameaçar o modelo de excelência.

A indefinição do público-alvo da educação especial justificou todos os desmandos ao direito à educação. O caráter dúbio da educação especial foi acentuado pela imprecisão dos textos legais, que fundamentaram os planos e as propostas educacionais com base na dificuldade de distinguir o modelo médico-pedagógico do educacional-escolar dessa modalidade de ensino. Essa falta de clareza postergou iniciativas que visam à adoção de posições inovadoras para a educação de alunos com deficiência.

Problemas conceituais, desrespeito a preceitos constitucionais, interpretações tendenciosas de nossa legislação educacional e preconceitos distorcem o sentido da inclusão escolar, reduzindo-a unicamente à inserção de alunos com deficiência no ensino regular. Essas são, do meu ponto de vista, grandes barreiras enfrentadas pelos que defendem a inclusão escolar. Tais barreiras objetivam retroceder às posições inovadoras para a educação de alunos em geral. Estamos diante de avanços, mas também de muitos impasses da legislação.

A Constituição Federal de 1988 respalda os que propõem avanços significativos para a educação escolar de pessoas com deficiência quando elege como fundamentos da República a cidadania e a dignidade da pessoa humana (art. 1º, incisos II e III) e, como um dos seus objetivos fundamentais, a promoção do bem de todos, sem preconceitos de origem, raça, sexo, cor, idade e quaisquer outras formas de discriminação (art. 3º, inciso IV). Ela garante ainda o direito à igualdade (art. 5º) e trata, no artigo 205 e nos seguintes, do direito de todos à educação. Esse direito deve visar ao pleno desenvolvimento da pessoa, ao seu preparo para a cidadania e à sua qualificação para o trabalho.

Além disso, a Constituição elege como um dos princípios para o ensino "a igualdade de condições de acesso e permanência na escola" (art. 206, inciso I), acrescentando que o "dever do Estado com a educação será efetivado mediante a garantia de acesso aos níveis mais elevados do ensino, da pesquisa e da criação artística, segundo a capacidade de cada um" (art. 208, inciso V).

Quando garante a todos o direito à educação e ao acesso à escola, a Constituição Federal não usa adjetivos; assim, toda escola deve atender aos princípios constitucionais, não podendo excluir nenhuma pessoa em razão de sua origem, raça, sexo, cor, idade ou deficiência.

Apenas esses dispositivos já bastariam para que não se negasse a nenhum indivíduo, com ou sem deficiência, o acesso à mesma sala de aula que qualquer outro aluno. Porém, um dos argumentos sobre a impossibilidade da inclusão aponta os casos de estudantes com deficiências severas e múltiplas, notadamente a deficiência intelectual e os casos de autismo.

A Constituição, contudo, garante a educação para todos. Para atingir o pleno desenvolvimento humano e o preparo para a cidadania, entende-se que essa educação não pode se realizar em ambientes segregados.

No Capítulo III – "Da educação, da cultura e do desporto" –, a Constituição prescreve no artigo 208 que o dever do Estado com a educação será efetivado mediante a garantia de "[...] atendimento educacional especializado aos portadores de deficiência, preferencialmente na rede regular de ensino".

O "preferencialmente" refere-se a "atendimento educacional especializado", ou seja, o que é diferente no ensino para melhor atender às especificidades dos alunos com deficiência, abrangendo sobretudo instrumentos necessários à eliminação das barreiras existentes nos diversos ambientes, como ensino da Língua Brasileira de Sinais (Libras), do código braile, uso de recursos de informática e outras ferramentas e linguagens que precisam estar disponíveis nas escolas regulares.

Na concepção inclusiva e na lei, esse atendimento especializado deve estar presente em todos os níveis de ensino, de preferência na rede regular, da educação infantil à universidade. A escola comum é o ambiente mais adequado para garantir o relacionamento dos alunos com ou sem deficiência e de mesma idade cronológica, a quebra de qualquer ação discriminatória e todo tipo de interação que possa beneficiar o desenvolvimento cognitivo, social, motor e afetivo dos estudantes.

Na interpretação evolutiva de nossas normas educacionais há, portanto, de se entender e ultrapassar as controvérsias entre a Lei de Diretrizes e Bases da Educação Nacional (LDB de 1996) e a Constituição Federal de 1988.

A Constituição admite que o atendimento educacional especializado também pode ser oferecido fora da rede regular de ensino, em qualquer instituição, já que seria apenas um complemento e não um substitutivo do ensino ministrado na rede regular para todos os alunos. Porém, na LDB (art. 58 e seguintes) consta que a substituição do ensino regular pelo ensino especial é possível.

Segundo a opinião de juristas brasileiros (Fávero e Ramos, 2002), essa substituição não está de acordo com a Constituição, que prevê atendimento educacional especializado, justamente por esse atendimento referir-se ao oferecimento de instrumentos de acessibilidade à educação.

Práticas escolares que contemplem as mais diversas necessidades dos estudantes, inclusive eventuais necessidades educacionais, devem ser regra no ensino regular e nas demais modalidades de ensino (como a educação de jovens e adultos, a educação profissional), não se justificando a manutenção de um ensino especial, apartado.

Após a LDB de 1996, foi promulgada a Convenção Interamericana para a Eliminação de Todas as Formas de Discriminação contra as Pessoas Portadoras de Deficiência, celebrada na Guatemala em maio de 1999.

O Brasil é signatário desse documento, que foi aprovado pelo Congresso Nacional por meio do Decreto Legislativo n. 198, de 13 de junho de 2001, e outorgado pelo Decreto n. 3.956, de 8 de outubro de 2001, da Presidência da República. Esse documento, portanto, tem valor legal, já que se refere a direitos e garantias fundamentais da pessoa humana.

A importância dessa convenção está no fato de que deixa clara a impossibilidade de diferenciação com base na deficiência, definindo a discriminação como

> [...] toda diferenciação, exclusão ou restrição baseada em deficiência, antecedente de deficiência, consequência de deficiência anterior ou percepção de deficiência presente ou passada, que tenha o efeito ou propósito de impedir ou anular o reconhecimento, gozo ou exercício por parte das pessoas portadoras de deficiência de seus direitos humanos e suas liberdades fundamentais. (art. 1º, n. 2 "a")

A mesma convenção esclarece que não constitui discriminação

> [...] a diferenciação ou preferência adotada para promover a integração social ou o desenvolvimento pessoal dos portadores de de-

> ficiência, desde que a diferenciação ou preferência não limite em si mesma o direito à igualdade dessas pessoas e que elas não sejam obrigadas a aceitar tal diferenciação ou preferência. (art. 1º, n. 2 "b")

A Convenção sobre os Direitos das Pessoas com Deficiência (CDPD), da ONU (2006), ratificada no Brasil, como Emenda Constitucional, pelos Decretos Legislativo n. 186/2008 e Executivo n. 6.949/2009, estabelece que os países signatários devem assegurar um sistema educacional inclusivo em todos os níveis de ensino, em ambientes que maximizem o desenvolvimento acadêmico e social das pessoas com deficiência, compatível com a meta de inclusão plena.

Esse documento internacional acolhe o conceito de discriminação preconizado pela Convenção da Guatemala e avança ao determinar que o direito da pessoa com deficiência à educação somente se efetiva em um sistema de educacional inclusivo. Tal afirmativa dirime qualquer dúvida sobre a admissibilidade de um sistema educacional paralelo, organizado com base na condição de deficiência.

Conforme estabelece o artigo 24 da CDPD, para o cumprimento do direito à educação das pessoas com deficiência, os Estados Partes assumem que:

a as pessoas com deficiência não sejam excluídas do sistema educacional geral sob alegação de deficiência e as crianças com deficiência não sejam excluídas do ensino fundamental gratuito e compulsório, sob a alegação de deficiência;

b as pessoas com deficiência possam ter acesso ao ensino fundamental inclusivo, de qualidade e gratuito, em igualdade de condições com as demais pessoas na comunidade em que vivem;

c adaptações razoáveis de acordo com as necessidades individuais sejam providenciadas;

d as pessoas com deficiência recebam o apoio necessário, no âmbito do sistema educacional geral, com vistas a facilitar sua efetiva educação; e

e efetivas medidas individualizadas de apoio sejam adotadas em ambientes que maximizem o desenvolvimento acadêmico e social, compatível com a meta de inclusão plena (ONU, 2006).*

Essa Convenção passa a orientar um nova agenda na educação nacional e internacional que fundamenta a formulação de políticas públicas na perspectiva inclusiva. No Brasil, o Plano de Desenvolvimento da Educação (PDE), instituído pelo Decreto n. 6.094/2007, inaugura um conjunto de ações que se tornam estruturantes para favorecer a garantia do acesso e da permanência dos estudantes com deficiência no ensino regular.

O PDE alicerça o processo de construção da política nacional de educação especial na perspectiva inclusiva ao instituir apoio técnico e financeiro para a acessibilidade nas escolas das redes públicas de ensino.

Para reorientar os sistemas de ensino na ruptura com o modelo de segregação escolar das pessoas com deficiência e atender aos objetivos da CDPD (ONU, 2006), a Política Nacional de Educação Especial na Perspectiva da Educação Inclusiva (Brasil, 2008) instaura um novo marco político e pedagógico na educação do país, definindo que:

* Uma versão em espanhol do documento pode ser encontrada em: <http://www.un.org/disabilities/convention/convoptprot-s.pdf>

> A educação especial é uma modalidade de ensino que perpassa todos os níveis, etapas e modalidades, realiza o atendimento educacional especializado, disponibiliza os recursos e serviços e orienta quanto a sua utilização no processo de ensino e aprendizagem nas turmas comuns do ensino regular. (Brasil, 2008, p. 21)

Essa política define como público-alvo da educação especial os estudantes com deficiência, transtornos globais do desenvolvimento e altas habilidades/superdotação e estabelece como objetivo assegurar seu acesso, participação e aprendizagem nas escolas regulares, orientando os sistemas de ensino a promover respostas às necessidades educacionais específicas por meio da garantia de:

» transversalidade da educação especial da educação infantil à educação superior;
» atendimento educacional especializado;
» continuidade da escolarização nos níveis mais elevados de ensino;
» formação de professores para o atendimento educacional especializado e dos demais profissionais da educação para a inclusão escolar;
» participação da família e da comunidade;
» acessibilidade urbanística, arquitetônica, nos mobiliários e equipamentos, nos transportes, na comunicação e na informação;
» articulação intersetorial na implementação das políticas públicas.

Para concretizar os preceitos da nova política, faz-se necessário alterar a lógica de financiamento, alocando recursos para o desenvolvimento inclusivo das redes públicas. Esse investimento na organização e na oferta do atendimento educacional especializado na escola comum tonifica o processo de transição do velho para o novo paradigma.

Essa estratégia materializa-se com a institucionalização do duplo financiamento, no âmbito do Fundo de Manutenção e Desenvolvimento da Educação Básica e de Valorização dos Profissionais da Educação (Fundeb), para as matrículas dos estudantes público-alvo da educação especial, uma na escolarização em classe comum do ensino regular e outra no atendimento educacional especializado (AEE), complementar ou suplementar à formação dos estudantes.

O Decreto n. 6.571/2008, além de instituir o duplo cômputo das matrículas no âmbito do Fundeb, estabelece ações fundamentais para a inclusão escolar: programas de formação continuada de professores na educação especial e de acessibilidade arquitetônica dos prédios escolares e a disponibilização de recursos de tecnologia assistiva para assegurar a oferta do atendimento educacional especializado nas escolas com matrícula de estudantes público-alvo da educação especial.

Apesar de ter significado um avanço sem precedentes na história da educação brasileira, a adoção de medidas para a garantia do direito à educação inclusiva não significou a eliminação total das classes e escolas especiais. Todavia, a Política Nacional de Educação Especial na Perspectiva Inclusiva (Brasil, 2008) e o conjunto de medidas institucionais subsequentes enfraqueceram profundamente o sistema paralelo de educação especial. Além disso, impulsionaram o avanço da inclusão escolar, traduzido na expansão das matrículas de pessoas com deficiência nas classe comuns e na redução das matrículas dessa população nas classes e escolas especiais.

Outro dispositivo que representa um divisor de águas nesse processo de transição entre o modelo de educação especial segregacionista e a educação especial inclusiva é, inquestionavelmente, a institucionalização das *Diretrizes operacionais para o atendimento educacional especializado na educação básica, modalidade de educação especial*, por meio da Resolução CNE/CEB n. 4/2010. Segundo o artigo 1º da Resolução:

> [...] os sistemas de ensino devem matricular os alunos com deficiência, transtornos globais do desenvolvimento e altas habilidades/superdotação nas classes comuns do ensino regular e no Atendimento Educacional Especializado (AEE), ofertado em salas de recursos multifuncionais ou centros de Atendimento Educacional Especializado da rede pública ou de instituições comunitárias, confessionais ou filantrópicas sem fins lucrativos. (Brasil, 2010c, p. 69)

Conforme essas diretrizes, o projeto político-pedagógico da escola comum deve prever a oferta do AEE, complementar à escolarização. É importante observar que a resolução do CNE enfatiza a diferença entre a função do professor do atendimento educacional especializado e a do professor da classe comum, atribuindo ao AEE o ensino do uso dos recursos de tecnologia assistiva, entre outras atividades.

A ideia de educação especial como modalidade transversal repercute nos principais marcos regulatórios da educação nacional, estando presente nas Diretrizes Curriculares Nacionais da Educação Básica (DCNEB) (CNE/CB n. 4/2010), que estabelece na Seção II – Educação Especial:

> Art. 29. A Educação Especial, como modalidade transversal a todos os níveis, etapas e modalidades de ensino, é parte [...] da educação regular, devendo ser prevista no projeto político-pedagógico da unidade escolar.
>
> § 1º Os sistemas de ensino devem matricular os estudantes com deficiência, transtornos globais do desenvolvimento e altas habilidades/superdotação nas classes comuns do ensino regular e no Atendimento Educacional Especializado (AEE), complementar ou suplementar à escolarização, ofertado em salas de recursos multifuncionais ou em centros de AEE da rede pública ou de instituições comunitárias, confessionais ou filantrópicas sem fins lucrativos.
>
> § 2º Os sistemas e as escolas devem criar condições para que o professor da classe comum possa explorar as potencialidades de todos os estudantes, adotando uma pedagogia dialógica, interativa, interdisciplinar e inclusiva e, na interface, o professor do AEE deve identificar habilidades e necessidades dos estudantes, organizar e orientar sobre os serviços e recursos pedagógicos e de acessibilidade para a participação e aprendizagem dos estudantes.
>
> § 3º Na organização dessa modalidade, os sistemas de ensino devem observar as seguintes orientações fundamentais:
>
> I – o pleno acesso e a efetiva participação dos estudantes no ensino regular;
>
> II – a oferta do atendimento educacional especializado;
>
> III – a formação de professores para o AEE e para o desenvolvimento de práticas educacionais inclusivas;

IV – a participação da comunidade escolar;

V – a acessibilidade arquitetônica, nas comunicações e informações, nos mobiliários e equipamentos e nos transportes;

VI – a articulação das políticas públicas intersetoriais.

Destaca-se também que a perspectiva inclusiva da educação especial foi amplamente discutida durante a Conferência Nacional de Educação (Conae) de 2010, que em seu documento final deliberou que a educação especial tem como objetivo assegurar a inclusão escolar de alunos com deficiência, transtornos globais do desenvolvimento e altas habilidades/superdotação nas turmas comuns do ensino regular. Entre as medidas a ser adotadas pelos sistemas de ensino estão os tópicos apresentados no parágrafo 3º das Diretrizes Curriculares Nacionais da Educação Básica.

Porém, os reconhecidos avanços na educação especial ocorridos na última década não ocultaram a intensa e permente disputa entre os setores refratários à política de inclusão – que, após a disputa iniciada com a publicação da Política Nacional de Educação Especial na Perspectiva de Educação Inclusiva (Brasil, 2008), continuam a engendrar no Congresso Nacional mecanismos para a manutenção da segregação escolar de estudantes com deficiência.

Uma dessas tentativas expressa-se na elaboração dos decretos n. 7.611 e n. 7.612, de 2011. O primeiro instituiu a educação especial como modalidade complementar à escolarização, nos termos da Política e da Convenção sobre os Direitos das Pessoas com Deficiência (ONU, 2006). O segundo estabeleceu um conjunto de políticas públicas intersetoriais para a inclusão social das pessoas com deficiência por meio do Plano Nacional dos Direitos da Pessoas com Deficiência – Viver sem Limite. Embora ambos representem uma conquista irrefutável, preservou-se o financiamento público às instituições filantrópicas de educação especial que mantêm praticas segregativas.

Mesmo sem alcançar um consenso na política de inclusão escolar das pessoas com deficiência para superar por completo o modelo segregativo, o Decreto n. 7.611/2011, que incorpora o Decreto n. 6.571/2008, não retoma o conceito anterior de educação especial substitutiva à escolarização no ensino regular, reafirmando o caráter complementar, suplementar e transversal dessa modalidade, situada no âmbito dos serviços de apoio à escolarização.

Cumpre sublinhar que documentos anteriores à Política Nacional de Educação Especial na Perspectiva da Educação Inclusiva (Brasil, 2008) repetiam a condicionalidade do acesso à educação das pessoas com deficiência, por meio de expressões como "quando possível"; "desde que aptos" e "se alcançarem o mesmo ritmo dos demais".

Após esse marco político e pedagógico na educação nacional, percebe-se uma mudança conceitual significativa, afirmando-se o direito de todos à educação em classes comuns do ensino regular. Denota-se esse fato no art. 1º, incisos I e III, do Decreto n. 7.611/ 2011, que dispõe:

> I – garantia de um sistema educacional inclusivo em todos os níveis, sem discriminação e com base na igualdade de oportunidades;
> III – não exclusão do sistema educacional geral sob alegação de deficiência.

Em consonância com a definição da Política Nacional de Educação Especial na Perspectiva da Educação Inclusiva (Brasil, 2008), esse decreto conceitua:

> Art. 2º – A Educação Especial deve garantir os serviços de apoio especializados voltados a eliminar as barreiras que possam obstruir o processo de escolarização de estudantes com deficiência, transtornos globais do desenvolvimento e altas habilidades/superdotação.

Percebendo que a inclusão escolar das pessoas com deficiência ganha espaço político na sociedade e se afirma nos ambientes educacionais, o Brasil vivencia um novo embate conceitual decorrente da elaboração da Lei n. 12.764/2012, que institui a Política Nacional de Proteção dos Direitos da Pessoa com Transtorno do Espectro Autista. Esse embate foi protagonizado pelos movimentos sociais e setores governamentais defensores do direito das pessoas com deficiência à educação inclusiva e pelos mantenedores de instituições especializadas, aliados aos detentores do espólio político da educação especial segregada.

Nesse contexto, os grupos conservadores do velho paradigma, que foram enfraquecidos pela ratificação da Convenção sobre os Direitos das Pessoas com Deficiência (ONU, 2006) e pela publicação da Política Nacional de Educação Especial na Perspectiva da Educação Inclusiva (Brasil, 2008), mais uma vez se valeram das forças reacionárias presentes no Congresso Nacional para retroceder nas conquistas do direito à educação inclusiva.

Para deter tal retrocesso, coube, desta feita, à Presidência da República, vetar o seguinte texto da Lei n. 12.764/2012:

> Inciso IV, art. 2º – A inclusão dos estudantes com transtorno do expecto autista nas classes comuns de ensino regular e a garantia de atendimento educacional especializado gratuito a esses educandos, quando apresentam necessidades especiais e sempre que, em função de suas condições específicas, não for possível a sua inserção nas classes comuns do ensino regular [...].
> Parágrafo 2º, art. 7º – Ficam ressalvados os casos em que, comprovadamente, e somente em função das especificidades do aluno, o serviço educacional fora da rede regular de ensino for mais benéfico ao aluno com transtorno do espectro autista.

Consuma-se eloquente vitória na consolidação da educação inclusiva materializada nos vetos aos aspectos inconstitucionais da referida lei e na sanção àqueles que cercearem o direito à matrícula das pessoas com deficiência nas classes comuns do ensino regular, prevista no artigo 7º:

> Art. 7º – O gestor escolar, ou autoridade competente, que recusar a matrícula de alunos com transtorno do espectro autista, ou qualquer outro tipo de deficiência, será punido com multa de 3 (três) a 20 (vinte) salários mínimos.

Confirmando que fazer inclusão implica um movimento político contínuo, mais uma etapa decisiva na luta por um sistema educacional inclusivo no Brasil se configurou na exaustiva discussão do Plano Nacional de Educação (PNE), que resultou na aprovação da Lei n. 13.005/2014.

Esse processo reedita a dura disputa em torno da ideia de educação especial. Ainda que tenha havido pressão dos setores conservadores em favor da ambiguidade da redação da meta 4, as estratégias estabelecidas no PNE para a universalização do atendimento escolar dos estudantes público-alvo da educação especial na educação básica refletem o fortalecimento e a ampliação das ações na perspectiva inclusiva até então implementadas, atribuindo-lhes status de política de Estado.

Assim, o PNE a ser implementado ao longo da próxima década está coerente com o princípio constitucional ao estabelecer que:

> Art. 8º – Os estados, o Distrito Federal e os municípios deverão elaborar seus correspondentes planos de educação, ou adequar os planos já aprovados em lei, em consonância com as diretrizes, metas e estratégias previstas neste PNE, no prazo de 1 (um) ano contado da publicação desta lei.
> Parágrafo 1º – Os entes federados estabelecerão nos respectivos planos de educação estratégias que:
> [...]
> III – garantam o atendimento das necessidades específicas na educação especial, *assegurando o sistema educacional inclusivo em todos os níveis, etapas e modalidades*. (grifo nosso)

Em síntese, considerando que a Constituição Federal ocupa o topo da hierarquia no ordenamento jurídico brasileiro, a legislação infraconstitucional deve refletir os dispositivos legais nela preconizados. Sabendo que a Convenção sobre os Direitos das Pessoas com Deficiência foi ratificada pelo Brasil, com força de Emenda Constitucional, seus princípios e compromissos devem ser assumidos integralmente, assim como devem ser alterados os instrumentos legais que os contrapõem.

Nesse sentido, a escola precisa se reorganizar, assim como os cursos de formação inicial e continuada de professores, de modo que as práticas de ensino contemplem as diferenças.

O acesso à educação básica deve ser incondicionalmente garantido a todos, obrigatoriamente àqueles na faixa etária de 4 a 17 anos. Para tanto, os critérios de avaliação e de promoção, com base no aproveitamento escolar e previstos na LDB de 1996 (art. 24), têm de ser reorganizados a fim de cumprir os princípios constitucionais da igualdade de direito ao acesso e à permanência na escola, bem como de acesso aos níveis mais elevados do ensino, da pesquisa e da criação artística, segundo a capacidade de cada um.

Como se esses motivos não bastassem para que a inclusão escolar revirasse nosso quadro educacional de cabeça para baixo, temos ainda de considerar a organização pedagógica de nossas escolas.

A questão das mudanças

Os caminhos propostos por nossas políticas (equivocadas?) de educação continuam insistindo em "apagar incêndios". Elas não avançam como deveriam, acompanhando as inovações, e não questionam a produção da identidade e da diferença nas escolas. Continuam mantendo um distanciamento dos verdadeiros motivos que levam à exclusão escolar.

Na verdade, estamos acompanhando, *pari passu*, os países mais desenvolvidos em educação escolar no que diz respeito ao conhecimento das inovações educacionais, e temos clareza de seus benefícios quando devidamente adotadas pelas escolas. Afinal, vivemos em um mundo globalizado, onde as novidades correm e as notícias chegam rápido para todos.

Mas, mas, mas... Por que não constatamos a presença dessas inovações em nosso cotidiano escolar? Onde estariam sendo bloqueadas? O que impede que elas sejam bem recebidas pelos professores? Que razões existem para que elas não estejam modificando o modo de planejar, de executar, de avaliar os processos educativos; por que motivo não se estão ensejando a busca de alternativas de reestruturação dos currículos acadêmicos e de toda a organização do trabalho pedagógico nas escolas?

Penso que nem sempre levamos a sério os nossos compromissos educacionais, como outros povos o fazem, neste e em outros momentos de nossa história educacional. Desconsideramos o que nos dispusemos a realizar quando definimos os planos escolares, o planejamento pedagógico, quando escolhemos as atividades que desenvolveremos com nossas turmas e avaliamos o desempenho dos alunos e o nosso, como professores. Uma coisa é o que está escrito e outra é o que acontece, verdadeiramente, nas salas de aula, no dia a dia, na rotina de trabalho. Somos, por certo, bem pouco sinceros conosco mesmos, com a comunidade escolar, com os pais e, sobretudo, com os nossos alunos!

Uma das maiores barreiras para mudar a educação é a ausência de desafios, ou melhor, a neutralização de todos os desequilíbrios que eles possam provocar na nossa velha forma de ensinar. E, por incrível que pareça, essa neutralização vem do próprio sistema educacional que se propõe a fazer mudanças, que está investindo na inovação, nas reformas do ensino para melhorar a sua qualidade.

Se o momento é o de enfrentar as mudanças provocadas pela inclusão escolar, logo distorcemos o sentido dessa inovação, até mesmo no discurso pedagógico, reduzindo-a a um grupo de alunos (no caso, as pessoas com deficiência), e continuamos a excluir tantos outros alunos e até a restringir a inserção daqueles com deficiência entre os que conseguem "acompanhar" as suas turmas escolares!

Tratamos de encontrar meios para facilitar a introdução de uma inovação, fazendo o mesmo que fazíamos antes, mas com outra designação ou em um local diferente – como é o caso de incluir alunos nas salas de aula comuns, mas com todo o *staff* do ensino especial por detrás, para que não seja necessário rever as práticas excludentes do ensino regular. Válvulas de escape, como o reforço paralelo, o reforço continuado, os currículos adaptados etc., continuam sendo modos de discriminar alunos que não damos conta de ensinar. Assim, escondemo-nos da nossa incompetência.

A inclusão pegou as escolas de calças curtas – isso é irrefutável. E o nível de escolaridade que mais parece ter sido atingido por essa inovação é o ensino fundamental.

Uma análise dessa etapa do nível básico é importante para entender a razão de tanta dificuldade e perplexidade diante da inclusão, sobretudo quando o estudante inserido é uma pessoa com deficiência. Tal análise é também mais um motivo para se propor a inclusão escolar, com urgência e determinação, como objetivo primordial dos sistemas educativos.

Os alunos do ensino fundamental estão organizados por anos escolares; o currículo, estruturado por disciplinas e o conteúdo é selecionado pelas coordenações pedagógicas, pelos livros didáticos, enfim, por uma "inteligência" que define os saberes e a sequência em que devem ser ensinados.

É certo que o ensino básico, como um todo, é prisioneiro da transmissão dos conhecimentos acadêmicos e os alunos de sua reprodução, nas aulas e nas provas. A divisão do currículo em disciplinas como Matemática, Língua Portuguesa e outras fragmenta e especializa os saberes e faz de cada matéria escolar um fim em si mesmo e não um dos meios de que dispomos para esclarecer o mundo em que vivemos e entender melhor a nós mesmos.

O tempo de aprender é o dos anos escolares, porque é necessário hierarquizar a complexidade do conhecimento, sequenciar as etapas de sua aprendizagem, mesmo sendo esse o ensino básico, o nível que ensina o elementar do saber. Também às disciplinas é atribuída uma escala de valores, em que a Matemática reina absoluta, como a mais importante e poderosa, enquanto as Artes e a Educação Física quase sempre estão lá atrás.

O erro tem de ser banido, pois o que é "passado" aos alunos pelo professor é uma verdade pronta, absoluta e imutável. Reprovam-se, então, os estudantes que, não se conformando em aprender assim, optam por construir autonomamente o conhecimento.

Com esse perfil organizacional, podemos imaginar o impacto da inclusão na maioria das escolas, sobretudo quando se entende que incluir é não deixar ninguém de fora da escola comum, ou seja, ensinar a todas as crianças, indistintamente!

É como se o espaço escolar fosse de repente invadido e todos os seus domínios fossem tomados de assalto. A escola sente-se ameaçada por tudo que ela mesma criou para se proteger da vida que existe além de seus muros e de suas paredes – novos saberes, novos alunos, outras maneiras de resolver problemas e de avaliar a aprendizagem, outras "artes de fazer", como nos sugeriu Michel de Certeau (2014) – autor que todos nós, professores, deveríamos conhecer. Esse pensador francês, não conformista, deixou-nos uma obra original, em que destaca a criatividade das pessoas em geral, oculta em um emaranhado de táticas e astúcias que inventam para si mesmas, com a finalidade de reagir, de maneira própria e sutil, ao cotidiano. A invenção do cotidiano (nome também de um de seus livros) é o que podemos fazer para sair da passividade, da rotina costumeira e das estratégias que vêm de cima para disciplinar nosso comportamento, nossos pensamentos e nossas intenções. Temos, sim, a capacidade silenciosa e decisiva de enfrentar o dia a dia das imposições e de toda regulamentação e controle que nos aprisionam e descaracterizam nossa maneira de ser e fazer diante das nossas tarefas e responsabilidades. Precisamos identificar essa possibilidade e tirar proveito dela.

Conhecemos os argumentos pelos quais a escola tradicional resiste à inclusão – eles refletem a sua incapacidade de atuar diante da complexidade, da diferença, da variedade, da singularidade, enfim, do que é real nos seres e nos grupos humanos. Os alunos não são virtuais, objetos categorizáveis – eles existem de fato, provêm de contextos culturais os mais variados, representam diferentes segmentos sociais, produzem e ampliam conhecimentos e têm desejos, aspirações, valores, sentimentos e costumes com os quais se identificam. Em resumo: esses grupos de pessoas não são criações da nossa razão, mas existem em lugares e tempos não ficcionais, evoluem, são compostos de seres vivos, encarnados!

O aluno abstrato justifica a maneira excludente de a escola tratar a diferença. Assim é que se estabelecem as categorias de alunos: deficientes, carentes, comportados, inteligentes, hiperativos, agressivos e tantos mais. Por essa classificação é que se perpetuam as injustiças na escola. Por detrás dela é que a escola se protege do aluno, na sua singularidade. Tal especificação reforça a necessidade de se criar modalidades de ensino, de espaços e de programas segregados, para que alguns alunos possam aprender.

Sem dúvida, é mais fácil gerenciar a diferença dos alunos formando categorias especiais de objetos, de seres vivos, acontecimentos, fenômenos, pessoas...

Mas como não há mal que sempre dure, o desafio da inclusão está desestabilizando aqueles que sempre defenderam a seleção, a dicotomização do ensino nas modalidades especial e regular, as especializações e os especialistas, o poder das avaliações e da visão clínica do ensino e da aprendizagem. E, como não há bem que sempre "ature", está sendo difícil manter resguardados e imunes às mudanças todos aqueles que colocam exclusivamente nos ombros dos alunos a incapacidade de aprender.

Os subterfúgios teóricos que distorcem propositadamente o conceito de inclusão, condicionando-a à capacidade intelectual, social e cultural dos alunos para atender às expectativas e exigências da escola, precisam cair por terra com urgência. Porque sabemos que podemos refazer a educação escolar segundo novos paradigmas e preceitos, novas ferramentas e tecnologias educacionais.

As condições de que dispomos, hoje, para transformar a escola autorizam-nos a propor uma escola única e para todos, em que a cooperação substituirá a competição, pois o que se pretende é que as diferenças se articulem e se componham e os talentos de cada um sobressaiam.

Nós, professores, temos de retomar o poder da escola, que deve ser exercido pelas mãos dos que fazem de fato a educação acontecer. Temos de combater a descrença e o pessimismo dos acomodados e mostrar que a inclusão é uma grande oportunidade para que alunos, pais e educadores demonstrem as suas competências, os seus poderes e as suas responsabilidades educacionais.

É inegável que as ferramentas estão aí para que as mudanças aconteçam e reinventemos a escola, "desconstruindo" a máquina obsoleta que a dinamiza, os conceitos sobre os quais ela se fundamenta, os pilares teórico-metodológicos em que ela se sustenta.

Os pais podem ser nossos grandes aliados na reconstrução da nova escola brasileira. Eles são uma força estimuladora e reivindicadora dessa tão almejada recriação da escola, exigindo o melhor para seus filhos, com ou sem deficiências, e não se contentando com projetos e programas que continuem batendo nas mesmas teclas e maquiando o que sempre existiu.

As razões para justificar a inclusão escolar, no nosso cenário educacional, não se esgotam nos pontos que levantamos e comentamos neste capítulo. A inclusão também se legitima porque a escola, para muitos alunos, é o único espaço de acesso ao conhecimento. É o lugar que vai lhes proporcionar condições de se desenvolver e de se tornar cidadãos e lhes conferirá oportunidades de ser e de viver dignamente.

Incluir é necessário, sobretudo, para melhorar as condições da escola, de modo que nela se possam formar gerações mais preparadas para levar a vida na sua plenitude, livremente, sem preconceitos, sem barreiras. Não podemos contemporizar soluções, mesmo que o preço que tenhamos de pagar seja bem alto – afinal, ele nunca será tão alto quanto o resgate de uma vida escolar marginalizada, uma evasão, uma criança estigmatizada sem motivos.

Confirma-se, ainda, mais uma razão de ser da inclusão, um motivo a mais para que a educação se atualize, para que os professores aperfeiçoem as suas práticas e para que escolas públicas e particulares se obriguem a um esforço de modernizar e reconstruir suas condições atuais, a fim de responder às necessidades de cada um de seus alunos, em suas especificidades, sem cair nas malhas da educação especial e de suas modalidades excludentes.

•••••

3

COMO FAZER A INCLUSÃO ESCOLAR

A INCLUSÃO É UMA inovação que implica um esforço de modernizar e reestruturar a natureza atual da maioria de nossas escolas. Isso acontece à medida que as instituições de ensino assumem que as dificuldades de alguns alunos não são apenas deles, mas resultam, em grande parte, do modo como o ensino é ministrado e de como a aprendizagem é concebida e avaliada.

Nas redes de ensino público e particular que resolveram adotar medidas inclusivas de organização escolar, as mudanças podem ser observadas de três ângulos: o dos desafios provocados por essa inovação; o das ações no sentido de efetivá-la nas turmas escolares, incluindo o trabalho de formação de professores; e, finalmente, o das perspectivas que se abrem à educação escolar com a implementação de projetos inclusivos. Na base dessas mudanças está o princípio democrático da educação para todos.

Para mudar as condições excludentes de nosso ensino escolar, enfrentam-se inúmeros desafios. Recentemente, ao proferir uma palestra para um grupo de professores, quiseram me apertar contra a parede. No momento das perguntas, senti que não seria fácil conter a "ira" dos que se aproveitam desse espaço para colocar em apuros os palestrantes e ganhar a plateia com posições contrárias às da mesa.

Um jovem professor tomou a palavra e me disse: "A escola a que a professora está se referindo não é uma utopia? Uma fantasia, ou melhor, a escola ideal? Nós enfrentamos todos os dias a realidade da sala de aula e acho que estamos falando de escolas muito diferentes, não é?"

Eu respondi mais ou menos o que se segue.

Penso que seja exatamente o contrário. Quem está sempre falando e imaginando a escola ideal parece-me ser o senhor e tantos outros que me julgam utópica, idealista! Eu falo de um aluno que existe, concretamente, que se chama Pedro, Ana, André... Eu trabalho com as peculiaridades de cada um e considerando a singularidade de todas as suas manifestações intelectuais, sociais, culturais, físicas. Trabalho com alunos de carne e osso. Não tenho alunos ideais; tenho, simplesmente, alunos e não almejo uma escola ideal, mas a escola, tal como ela se apresenta, em suas infinitas formas de ser. Não me surpreende a criança, o jovem e o adulto nas suas diferenças, pois não conto com padrões e modelos de alunos "normais" que aprendemos a definir nas teorias que estudamos. Se eu estivesse me baseando nessa escola idealizada, não teria a resistência de tantos, pois estaria falando de uma escola imaginada pela maioria, na qual, por certo, não cabem todos os alunos, só os que se encaixam em nossos pretensos modelos e estereótipos!

A escola real, aquela que não queremos encarar, coloca-nos, entre muitas outras, essas questões de base que insisto em apontar: muda a escola ou mudam os alunos, para se ajustar às suas velhas exigências? Ensino especializado para todas as crianças ou ensino especial para algumas? Professores que se aperfeiçoam para exercer suas funções, atendendo às peculiaridades de todos os alunos, ou professores especializados para ensinar aos que não aprendem e aos que não sabem ensinar?

Mudar a escola e, mais precisamente, o ensino nela ministrado é encarar a escola real. Esse é o nosso alvo e o grande problema da educação destes novos tempos.

São muitas as frentes de trabalho, concentrando-se nossas principais tarefas em:

» Recriar o modelo educativo escolar, tendo como eixo o ensino para todos.
» Reorganizar pedagogicamente as escolas, abrindo espaço para que a cooperação, o diálogo, a solidariedade, a criatividade e o espírito crítico sejam exercitados nas salas de aulas por professores, gestores, funcionários e alunos, porque essas são habilidades mínimas para o exercício da cidadania.
» Garantir aos alunos tempo e liberdade para aprender, bem como um ensino que não exclui nem só reprova a repetência.
» Formar, aperfeiçoar e valorizar o professor, a fim de que tenha condições e estímulo para enfrentar um ensino sem exclusões e exceções.

Essas tarefas serão comentadas a seguir.

Recriar o modelo educativo

Não se pode encaixar um projeto novo, como é o caso da inclusão, em uma velha matriz de concepção escolar. Daí a necessidade de recriar o modelo educacional vigente.

As escolas que reconhecem e valorizam a diferença de todos têm projetos inclusivos de educação, e o ensino que ministram difere radicalmente do proposto para atender às especificidades dos educandos que não conseguem acompanhar seus colegas de turma – por problemas que vão de deficiências até outras dificuldades de natureza relacional, motivacional ou cultural. Nesse sentido, elas contestam e não adotam o que é tradicionalmente utilizado para lidar com a diferença nas escolas: as adaptações de currículos, a facilitação das atividades e os programas para reforçar aprendizagens, ou mesmo para acelerá-las, em casos de defasagem de idade/série escolar.

Superar o sistema tradicional de ensinar é um propósito que temos de efetivar com toda a urgência. Essa superação refere-se ao "que" ensinamos aos nossos alunos e ao "como" ensinamos, para que eles cresçam e se desenvolvam como seres éticos, justos, pessoas que terão de reverter uma situação que não conseguimos resolver inteiramente: mudar o mundo e torná-lo mais humano. Recriar esse modelo tem que ver com o que entendemos como qualidade de ensino.

Infelizmente, ainda vigora a concepção de que as escolas de qualidade são as que enchem a cabeça dos alunos com datas, fórmulas, conceitos justapostos, fragmentados. A qualidade desse ensino resulta do primado e da supervalorização do conteúdo acadêmico em todos os seus níveis. Persiste a ideia de que as escolas de qualidade são as que centram a aprendizagem no racional, no aspecto cognitivo do desenvolvimento, e avaliam os alunos, quantificando respostas-padrão. Seus métodos e práticas preconizam a exposição oral, a repetição, a memorização, os treinamentos, o livresco, a negação do valor do erro. São aquelas escolas que estão sempre preparando o aluno para o futuro: seja este o próximo ano a ser cursado, o nível de escolaridade posterior ou os exames vestibulares!

Uma escola distingue-se por um ensino de qualidade, capaz de formar pessoas nos padrões requeridos por uma sociedade mais evoluída e humanitária quando consegue: aproximar os alunos entre si; tratar as disciplinas como meios para conhecer melhor o mundo e as pessoas que nos rodeiam; e ter como parceiras as famílias e a comunidade na elaboração e no cumprimento do projeto político-pedagógico.

Tem-se um ensino de qualidade baseado em condições de trabalho pedagógico que implicam formação de redes de saberes e de relações, que se entrelaçam por caminhos imprevisíveis para chegar ao conhecimento; existe ensino de qualidade quando as ações educativas se pautam na cooperação, na colaboração, no compartilhamento do processo educativo com todos os que estão direta ou indiretamente nele envolvidos.

A aprendizagem, nessas circunstâncias, é acentrada, ora sobressaindo o lógico, o intuitivo, o sensorial, ora os aspectos social e afetivo dos alunos. Em suas práticas pedagógicas predominam a experimentação, a criação, a descoberta, a coautoria do conhecimento. Vale o que os alunos são capazes de aprender hoje e o que podemos oferecer-lhes de melhor para que se desenvolvam em um ambiente rico e verdadeiramente estimulador de suas potencialidades.

As escolas de qualidade são espaços educativos de construção de personalidades humanas autônomas, críticas, espaços onde crianças e jovens aprendem a ser pessoas. Nesses ambientes educativos, ensinam-se os alunos a valorizar a diferença pela convivência com seus pares, pelo exemplo dos professores, pelo ensino ministrado nas salas de aula, pelo clima socioafetivo das relações estabelecidas em toda a comunidade escolar –

sem tensões, competições, com espírito solidário e participativo. Escolas assim concebidas não excluem nenhum aluno de suas salas, de seus programas, de suas aulas, das atividades e do convívio escolar mais amplo. São contextos educacionais em que todos têm a possibilidade de aprender frequentando uma mesma e única turma.

Tais escolas são capazes de ensinar a turma toda. A possibilidade de ensinar todos os alunos, sem discriminação nem práticas de ensino diferenciadas para alguns, deriva, pois, de uma reestruturação do projeto político-pedagógico como um todo e das reformulações que esse projeto exige da escola para que esta se ajuste a novos parâmetros de ação educativa.

Reorganizar as escolas: aspectos pedagógicos e administrativos

Para universalizar o acesso de todos os alunos, incondicionalmente, nas turmas escolares e democratizar a educação, muitas mudanças já estão acontecendo em algumas escolas e redes públicas de ensino – vitrines que expõem o sucesso da inclusão.

A reorganização das escolas depende de um encadeamento de ações centradas no projeto político-pedagógico. Esse projeto, que já se chamou de "plano escolar" e de outros nomes parecidos, é uma ferramenta de vital importância para que as diretrizes gerais de organização/funcionamento da escola sejam traçadas com realismo e responsabilidade. Infelizmente, poucas escolas trabalham com um documento de tal natureza e extensão, elaborado com autonomia e com a ajuda de todos os segmentos que as compõem. O projeto parte de um diagnóstico da demanda, penetra fundo nos pontos positivos e nos pontos fracos dos trabalhos desenvolvidos, define prioridades de atuação e objetivos, propõe iniciativas e ações com metas e responsáveis para coordená-las. Desse projeto constam dados sobre a clientela a ser atendida naquele ano letivo, assim como os recursos pedagógicos e humanos e materiais disponíveis.

Os dados do projeto político-pedagógico esclarecem o gestor, professores, coordenadores e funcionários sobre a clientela e os recursos – humanos e materiais – da escola.

Os currículos, a formação das turmas, as práticas de ensino e a avaliação são aspectos da organização pedagógica das escolas são revistos e modificados com base no que for definido também pelo projeto político-pedagógico de cada escola. Sem os conhecimentos levantados por esse projeto, é impossível elaborar currículos que reflitam o meio sociocultural do alunado.

Para integrar áreas do conhecimento e atingir a concepção transversal de propostas não disciplinares de organização curricular, o sentido das disciplinas acadêmicas muda – elas passam a ser meios, não mais fins em si mesmas. O estudo das disciplinas partirá das experiências de vida dos alunos, dos seus saberes e fazeres, do significado de suas vivências.

Como essas experiências variam entre os alunos, mesmo sendo membros de uma mesma comunidade, a implantação dos ciclos de formação é uma saída justa e muito adequada para mudar os critérios de agrupamento escolar atuais. Embora ainda pouco compreendidos por professores e pais, visto tratar-se de uma novidade e não terem sido bem explicados em seus fins, os ciclos tiveram seus objetivos esvaziados e distorcidos. Foram confundidos com junção de séries escolares – como primeiro ciclo compreendendo a junção do 1º e 2º anos e assim por diante.

Os ciclos de formação provocam mudanças na avaliação do desempenho escolar dos alunos, pois concedem aos estudantes mais tempo para aprender, eliminando a seriação e articulando o processo de aprendizagem com o ritmo e as condições de desenvolvimento dos aprendizes.

O ensino individualizado/diferenciado para os alunos que apresentam déficits intelectuais e problemas de aprendizagem é uma solução que não corresponde aos princípios inclusivos, pois não podemos diferenciar um aluno pela sua deficiência (como vimos no capítulo anterior). Na visão inclusiva, o ensino diferenciado continua segregando e discriminando os alunos dentro e fora das salas de aula.

A inclusão não prevê a utilização de práticas/métodos de ensino escolar específicos para esta ou aquela deficiência e/ou dificuldade de aprender. Os alunos aprendem nos seus limites e se o ensino for, de fato, de boa qualidade, o professor levará em conta esses limites e explorará convenientemente as possibilidades de cada um. Não se trata de uma aceitação passiva do desempenho escolar, mas de agirmos com realismo e coerência e admitirmos que as escolas existem para formar as novas gerações e não apenas alguns de seus futuros membros, os mais capacitados e privilegiados.

Eis aí um grande desafio a ser enfrentado quando nos propomos a reorganizar as escolas, cujo modelo e concepção são meritocráticos, elitistas, condutistas e baseados na transmissão dos conhecimentos, não importando quanto estes possam ser acessíveis ou não aos alunos.

É certo que não se consegue predeterminar a extensão e a profundidade dos conteúdos a ser construídos pelos alunos nem facilitar/adaptar as atividades escolares para alguns, porque somos incapazes de prever, de antemão, as dificuldades e as facilidades que cada um terá para realizá-las. Afinal, é o aluno que se adapta ao novo conhecimento e só ele pode regular o processo de construção intelectual. A maioria dos professores não pensa assim nem é alertada para esse fato; apavora-se, com razão, ao receber alunos com deficiência ou com problemas de aprendizagem, pois prevê como será difícil dar conta das diferenciações desse pretenso ensino inclusivo.

Outra situação que implica recriar os espaços educativos de trabalho escolar é a que diz respeito às atividades em sala de aula, ainda muito marcadas pela individualização das tarefas; pelo aluno que trabalha na maior parte do tempo sozinho, em sua carteira, mesmo que as atividades sejam comuns a todos. Experiências de trabalho coletivo, em grupos pequenos, mudam esse cenário educativo, exercitando: a capacidade de decisão dos alunos diante da escolha de tarefas; a divisão e o compartilhamento das responsabilidades com seus pares; o desenvolvimento da cooperação; o sentido e a riqueza da produção em grupo; e o reconhecimento da diversidade dos talentos humanos, bem como a valorização do trabalho de cada pessoa para a consecução de metas que lhes são comuns.

Um hábito extremamente útil e natural, que tem sido muito pouco desenvolvido nas escolas, é o de os alunos se apoiarem mutuamente durante as atividades de sala de aula.

A reorganização administrativa e os papéis desempenhados pelos responsáveis pela burocracia escolar são outros alvos a ser atingidos.

A descentralização da gestão administrativa é fundamental para que se promova maior autonomia pedagógica, administrativa e financeira de recursos materiais e humanos das escolas, sendo promovida por meio da atuação efetiva dos conselhos, dos colegiados e das assembleias de pais e alunos.

Quando se modificam os rumos da administração escolar, os papéis e a atuação do gestor, bem como de coordenadores, supervisores e funcionários, perdem o caráter controlador e fiscalizador e readquirem teor pedagógico, deixando de existir os motivos pelos quais esses profissionais ficam confinados em seus gabinetes, sem tempo para conhecer e participar mais intensiva e diretamente do que acontece nas salas de aulas e nos demais ambientes educativos das escolas.

Ensinar a turma toda, sem exceções nem exclusões

Para ensinar a turma toda, parte-se do fato de que os alunos sempre sabem alguma coisa, de que todo educando pode aprender, mas no tempo e do jeito que lhe é próprio e de acordo com seus interesses e capacidades. Também é fundamental que o professor nutra elevada expectativa em relação à capacidade de progredir dos alunos e não desista nunca de buscar meios para ajudá-los a vencer os obstáculos escolares.

O sucesso da aprendizagem está em explorar talentos, atualizar possibilidades, desenvolver predisposições naturais de cada aluno. As dificuldades e limitações são reconhecidas, mas não conduzem nem restringem o processo de ensino, como comumente acontece.

Ensinar sem diferenciar o ensino para alguns depende, entre outras condições, de abandonar um ensino transmissivo e adotar uma pedagogia ativa, dialógica, interativa, integradora, que se contraponha a toda e qualquer visão unidirecional, de transferência unitária, individualizada e hierárquica do saber.

A educação não disciplinar (Gallo, 1999) reúne essas condições, ao propor:

» o rompimento das fronteiras entre as disciplinas curriculares;
» a formação de redes de conhecimento e de significações, em contraposição a currículos conteudistas, a verdades prontas e acabadas, listadas em programas escolares seriados;
» a integração de saberes, decorrente da transversalidade curricular, que se contrapõe ao consumo passivo de informações e de conhecimentos sem sentido;
» policompreensões da realidade;
» a descoberta, a inventividade e a autonomia do sujeito na conquista do conhecimento;
» ambientes polissêmicos, favorecidos por temas de estudo que partem da realidade, da identidade sociocultural dos alunos, contra toda a ênfase no primado do enunciado desencarnado e no conhecimento pelo conhecimento.

O ponto de partida para ensinar a turma toda, sem diferenciar o ensino para um aluno ou um grupo de alunos, é ter como certo que a diferenciação será feita pelo próprio aluno ao aprender e não pelo professor! Essa inversão é fundamental para que se possa ensinar a turma toda sem sobrecarregar inutilmente o professor, que por vezes é obrigado a criar e selecionar atividades e a acompanhar grupos diferentes de alunos a fim de igualar o aprendizado da turma.

Buscar essa igualdade como produto final da aprendizagem é fazer educação compensatória – em que se acredita na superioridade de alguns, inclusive a do professor, e na inferioridade de outros, que são menos dotados, menos informados e esclarecidos – desde o início do processo de aprendizagem curricular.

O mito de que é o professor que detém a chave do saber para melhor explicar e dosar os conhecimentos que o aluno vai/deve aprender precisa ruir. Defendemos o ensino que emancipa e não aquele que submete os alunos intelectualmente (Rancière, 2002).

Para ensinar com qualidade e segundo a perspectiva inclusiva, é preciso garantir ao aluno de qualquer ano/nível de escolarização uma formação que lhe assegure passar do mundo familiar para o público. Esse papel primordial da escola não pode ser posto de lado, desmerecido ou desprivilegiado, como tem ocorrido com frequência.

Ensinar a turma toda, sem exclusões nem discriminações, exige dos professores o compromisso de apresentar os conteúdos curriculares aos alunos após estudo e atualização de seus conhecimentos, por mais elementar que seja o nível explicativo desses conteúdos. O professor deixará de ser um mero repetidor do que o aluno pode encontrar como informação e conhecimento em um livro didático, em uma apostila. Ele precisa conhecer muito sobre o conteúdo que ensina para que os alunos tenham o que aprender e possam se saciar do conhecimento disponibilizado de diferentes ângulos e perspectivas.

Além de apresentar o conteúdo curricular de forma abrangente, o professor terá de criar, selecionar e apresentar à sua turma uma gama de atividades diversificadas sobre esse conteúdo. Tais atividades são escolhidas livremente pelos alunos, compartilhando-as com colegas também interessados na mesma tarefa. Eles desenvolverão a atividade e, mais tarde, cada grupo reportará o que aprendeu aos demais colegas da turma. O professor apoiará e acompanhará o desenvolvimento das diversas atividades durante a execução dos trabalhos, atendendo às demandas dos alunos. A sala de aula tornar-se-á, assim, um lugar de pesquisa, experimentação, de comunicação e compartilhamento de resultados dos estudos, de discussão das tarefas realizadas e de revisão e complementação do conhecimento introduzido pelo professores em aulas de apresentação do conteúdo.

As atividades precisam ser desafiadoras para estimular os alunos a realizá-las, segundo seus níveis de compreensão e desempenho. Portanto, não se excluirá nenhum aluno das atividades nem serão oferecidas a alguns (os que sabem menos) atividades adaptadas, facilitadas. Toda atividade deverá suscitar exploração, descoberta, com base nas possibilidades e nos interesses dos alunos, que optaram por desenvolvê-las em pequenos grupos ou por si mesmos. Como o ensino não é diferenciado para os mais avançados ou com menos capacidade, é importante lembrar que ensinar é um ato coletivo, mas o aprender sempre é individualizado.

Pesquisas, registros escritos e falados, observação e vivências são algumas propostas indicadas para que as atividades sejam realizadas. Os conteúdos das disciplinas são meios e fins a ser alcançados e, espontânea e transversalmente, eles vão sendo envolvidos na realização das tarefas, por escolha dos próprios alunos.

A avaliação muda de sentido para ser coerente com as inovações propostas pela inclusão. Acompanha-se o percurso de cada estudante do ponto de vista do desenvolvimento de seus conhecimentos para resolver problemas de toda ordem, mobilizando conteúdos acadêmicos e outros meios que possam ser úteis para chegar a soluções pretendidas; analisam-se os progressos apresentados pelos alunos na organização dos estudos, no tratamento das informações e na participação da vida social da escola. O aluno aprende a avaliar o que aprendeu, a reconhecer o seu esforço nesse sentido, a se responsabilizar pelo plano/agenda de trabalhos e pelos compromissos escolares, sejam eles de uma ou de outra disciplina ou atividades diárias que são feitas na escola e em casa. Ele analisa diariamente esse plano/agenda, por meio de um registro diário, e verifica se conseguiu avançar no que definiu como tarefas de estudo, assim como atribui conceitos, se autoavalia. Não fica submetido apenas ao que o professor aprova ou desaprova de seu desempenho escolar.

Suprimir o caráter classificatório de notas e de provas e substituí-lo por uma visão investigativa da avaliação escolar é indispensável quando se ensina na perspectiva da educação inclusiva. Para ser coerente com os princípios inclusivos, o professor avaliará o desempenho dos alunos diante de situações-problema, em detrimento da memorização de informações e da reprodução de conhecimentos sem compreensão, cujo objetivo é apenas obter boas notas e ser promovido.

O tempo de construção de uma competência varia de aluno para aluno, sendo seu progresso percebido por meio da mobilização e da aplicação do que ele aprendeu, ou já sabia, para chegar às soluções pretendidas.

A avaliação constitui mais um desafio ao aperfeiçoamento do ensino. Recompô-la em seus fins para se alinhar a um ensino inclusivo diminuirá substancialmente o número de alunos excluídos.

Escolas inclusivas envolvem uma reorganização completa dos processos de ensino e uma concepção diferente de aprendizagem escolar: ensinam o que suas turmas decidem – em conjunto com o professor – que vão estudar com base nos seus currículos.

O ensino é o mesmo para todos, diferindo do que é em geral proposto para atender às especificidades dos educandos que não conseguem acompanhar seus colegas de turma. Nesse sentido, as escolas para todos não adotam o que é tradicionalmente proposto para dar conta dos alunos que fogem do padrão idealizado de aprendiz dito bem-sucedido (a limitação de objetivos educacionais, as adaptações curriculares, a facilitação de atividades e os programas para reforçar a aprendizagens ou para acelerá-la).

A possibilidade de ensinar sem discriminações, sem métodos e práticas de ensino especializados/adaptados deriva de uma reestruturação do projeto pedagógico da escola e das reformulações que esse projeto propõe, de modo que a instituição se ajuste a novos parâmetros de ação educativa. A fim de melhorar a qualidade do ensino e para ensinar a turma toda, há de se enfrentar os desafios da inclusão escolar – sem fugir das causas do fracasso e da exclusão e deixando de lado as soluções paliativas sugeridas para esse fim.

As medidas comumente indicadas para combater a exclusão não promovem mudanças, visando mais neutralizar os desequilíbrios criados pela heterogeneidade das turmas do que potencializá-los.

Enquanto os professores continuarem a:

» propor trabalhos coletivos que nada mais são do que atividades individuais realizadas ao mesmo tempo pela turma;

- » ensinar com ênfase nos conteúdos programáticos, fazendo destes fins em si mesmos e não meios para aprender;
- » adotar o livro didático e apostilas como ferramentas exclusivas de orientação dos programas de ensino;
- » propor projetos de trabalho totalmente desvinculados das experiências e do interesse dos alunos, para demonstrar a falsa adesão às inovações;
- » organizar de modo fragmentado o emprego do tempo do dia letivo para apresentar o conteúdo estanque desta ou daquela disciplina e outros expedientes de rotina das salas de aula;
- » considerar a prova final decisiva na avaliação do rendimento escolar do aluno, entre outros expedientes,

não haverá condições de ensinarem a turma toda.

As práticas arroladas configuram o velho e conhecido ensino para alguns – em certos momentos, de determinadas disciplinas. É assim que a exclusão se alastra e se perpetua nas escolas, atingindo a todos os alunos, não apenas os que apresentam uma dificuldade maior de aprender ou uma deficiência específica. Afinal, em toda sala de aula há alunos que rejeitam propostas de trabalho escolar descontextualizadas, sem sentido nem atrativos intelectuais, que protestam a seu modo contra um ensino que não os desafia nem atende às suas motivações e aos seus interesses pessoais.

O ensino para alguns é ideal para gerar indisciplina, competição, discriminação, preconceitos, e para categorizar os bons e os maus alunos por critérios, em geral, infundados.

As desigualdades tendem a se agravar quanto mais especializamos o ensino para alguns. Quase sempre tais desigualdades, iniciadas no âmbito escolar, expandem-se para outros domínios e áreas, marcando indelevelmente as pessoas atingidas. Nas escolas que excluem, o fracasso é sempre um problema do aluno.

E a atuação do professor?

Alguns professores sentem-se abalados profissionalmente pela inclusão; outros, atraídos por sua coerência e arquitetura educacional.

Aquele que se dispõe a ensinar a turma toda deixa de lado o falar, o copiar e o ditar como recursos didático-pedagógicos. Ele não será mais o professor palestrante, identificado com a lógica de distribuição do ensino, que pratica a pedagogia unidirecional "do A para B e do A sobre B", como afirmou Paulo Freire nos idos de 1978. Ao contrário, partilhará com os alunos a construção/autoria dos conhecimentos produzidos em uma aula. No ensino expositivo, o conhecimento reduz-se em quantidade e qualidade.

Certamente, um professor que participa da caminhada do saber com os alunos consegue entender melhor as dificuldades e possibilidades de cada um.

Ensinar a turma toda reafirma a necessidade de promover situações de aprendizagem que teçam o conhecimento por fios coloridos, que expressem diferentes possibilidades de interpretação e de entendimento de um grupo de pessoas que atuam cooperativamente.

Sem estabelecer uma referência nem buscar o consenso, mas investindo na singularidade de cada um, na riqueza de um ambiente que confronta significados, desejos e experiências, esse professor deve garantir a liberdade e a diversidade das opiniões dos alunos.

O professor inclusivo não procura eliminar a diferença em favor de uma suposta igualdade do alunado – tão almejada pelos que apregoam a homogeneidade das salas de aula. Ele está atento aos diferentes tons das vozes que compõem a turma, promovendo a harmonia, o diálogo, contrapondo-as, complementando-as.

Preparar-se para ser um professor inclusivo

O argumento mais frequente dos professores, quando resistem à inclusão, é não estarem (ou não terem sido) preparados para esse trabalho.

Na formação em serviço, os professores reagem inicialmente aos modos de ensinar inclusivos, a uma pedagogia da diferença, porque estão habituados a aprender de maneira fragmentada e instrucional. Eles esperam por uma formação que lhes ensine a dar aulas para os alunos com deficiência, dificuldades de aprendizagem e/ou problemas de indisciplina. Ou melhor: anseiam por uma formação que lhes permita aplicar esquemas de trabalho pedagógico predefinidos às suas salas de aula, garantindo-lhes a solução dos problemas que presumem encontrar nas escolas ditas inclusivas. Grande parte desses profissionais concebe a formação como mais um curso de extensão, de especialização, com uma terminalidade e um certificado que convalida a sua capacidade de ser um professor inclusivo.

Não se trata de uma visão ingênua, mas de uma concepção equivocada do que é a formação em serviço e do que significa a inclusão escolar. Mais uma vez, a imprecisão de conceitos distorce a finalidade de ações que precisam ser concretizadas com urgência e muita clareza de propósitos, como é o caso do professor capacitado para ensinar em escolas inclusivas.

Que motivos fazem que os professores reajam inicialmente à formação em serviço, nos moldes de trabalho que descrevemos? Tenho algumas hipóteses. Por terem internalizado o papel de praticantes, os professores:

» esperam que os formadores lhes ensinem a trabalhar, na prática, com turmas heterogêneas, com base em aulas, manuais e regras transmitidas do mesmo modo como eles ensinam em suas salas de aula – ensino frontalizado, livresco, unidirecional;
» acreditam que os conhecimentos que lhes faltam para ensinar alunos com deficiência ou dificuldade de aprender referem-se sobretudo à conceituação, à etiologia, aos prognósticos das deficiências; que precisam conhecer e saber aplicar métodos e técnicas específicos para a aprendizagem escolar desses alunos se tiverem de "aceitá-los" em suas salas de aula;
» querem saber como resolver problemas pontuais com base em regras gerais.

Os dirigentes das redes de ensino têm expectativas semelhantes quando nos solicitam uma formação, pois estão habituados a cursos que atendem às expectativas dos professores antes detalhadas.

Se de um lado é preciso continuar investindo maciçamente na formação de profissionais qualificados, de outro não se pode descuidar da realização dessa formação. É preciso estar atento ao modo como os professores aprendem ao aperfeiçoarem seus conhecimentos pedagógicos, e também ao modo como reagem às novidades, aos novos possíveis educacionais suscitados pelo ensino inclusivo.

Formar o professor na perspectiva da educação inclusiva implica ressignificar o seu papel, o da escola, o da educação e o das práticas pedagógicas usuais do contexto excludente do nosso ensino, em todos os níveis.

Como já vimos, a inclusão escolar não cabe em uma concepção tradicional de educação. A formação do professor inclusivo requer o redesenho das propostas de profissionalização existentes e uma formação continuada que também muda.

A reviravolta – que é bem mais complexa do que se pensa – na formação inicial e continuada de professores para a inclusão escolar está sendo, pouco a pouco, entendida pelos que elaboram políticas públicas de educação e pelos que planejam ações para concretizá-las. Com a Política Nacional de Educação Especial (Brasil, 2008), a formação do professor de educação especial passou a ser uma especialização *lato sensu* – pós-graduação em Pedagogia. E não é o bastante.

O professor de educação infantil e de ensino fundamental I e os licenciados, além da formação em serviço nas escolas, carecem de uma formação em educação inclusiva, que deveria vir de todas as disciplinas que compõem o currículo de formação inicial.

O exercício constante e sistemático de compartilhamento de ideias, sentimentos e ações entre professores, diretores e coordenadores da escola é uma das saídas para obter o sucesso almejado na formação emergencial para a inclusão.

O fato de essa formação recair sobre experiências concretas, casos reais, situações do dia a dia que desequilibram o trabalho nas salas de aula é a matéria-prima das mudanças pretendidas por esse modo de formação.

No questionamento da própria prática, nas comparações, na análise das circunstâncias e dos fatos que provocam perturbações e/ou respondem pelo sucesso escolar, os professores vão definindo, pouco a pouco, as suas "teorias pedagógicas". A intenção é que eles sejam capazes de explicar o que antes só sabiam reproduzir com base no que aprendiam exclusivamente em cursos, oficinas e palestras. Tal proposta de formação visa incentivar os professores a se encontrar regularmente com os colegas de escola, a fim de estudarem juntos e colaborarem com seus pares, trocando ideias, dirimindo dúvidas, buscando opiniões com outros especialistas internos e externos à escola. Enfim, descobrindo os caminhos pedagógicos da inclusão.

Daí a necessidade de se formar grupos de estudos nas escolas para a discussão e a compreensão dos problemas educacionais, à luz do conhecimento científico, e de se discutir interdisciplinarmente as situações-problema com parceiros de outras áreas, quando necessário. Os encontros regulares de formação nas escolas, tendo como ponto de partida as necessidades e os interesses comuns de alguns professores, permitem resolver problemas pedagógicos – pela análise do ensino que está sendo ministrado na escola – e provocam a avaliação do ensino, esclarecendo o modo como este é oferecido aos alunos.

Dessa formação no interior da escola participam também o diretor, o coordenador pedagógico e o professor de educação especial, responsável pelo Atendimento Educacional Especializado (AEE) e um grande parceiro da inclusão.

As redes de ensino têm promovido fóruns, encontros e seminários. Dessa forma, conhecimento circula em todo o Brasil. A implementação da educação inclusiva tem sido muito expandida pelo esforço empreendido pelos profissionais da educação especial.

Algumas redes de ensino criaram centros de gestão da proposta educacional da rede e de apoio e atualização dos professores.

As universidades brasileiras que fazem parte da rede de formação de professores de educação especial têm conseguido, com cursos a distância, cobrir boa parte das necessidades das redes de ensino de ter em seus quadros professores especializados. A formação oferecida reflete-se diretamente nas salas de aula, dado que a educação especial faz parte do projeto político-pedagógico das escolas, complementa a formação dos alunos que são seu público-alvo e movimenta a escola na direção da inclusão.

Espera-se que o ensino comum se defina inteiramente pela inclusão e que políticas públicas possam orientar, como o faz à educação especial, a reviravolta que se espera da escola e da formação inicial e continuada de professores, tornando o ensino acessível a todos os alunos.

Diferenciar para incluir ou diferenciar para excluir?

A inclusão implica pedagogicamente a consideração da diferença, em processos educacionais iguais para todos.

A ambivalência dessa situação assemelha-se a andar no fio da navalha. Exige um equilíbrio dinâmico dos que atuam nas escolas para que possam atender por completo ao que a inclusão prescreve como prática pedagógica, ou melhor, para não cair em diferenciações que excluam nem pender para a igualdade, que descaracteriza o que é peculiar a cada aluno.

A igualdade gera identidades naturalizadas, estáveis, fixadas nas pessoas ou em grupos, e tem sido usada para que a escola defina aparatos pedagógicos e estabeleça critérios e perfis educacionais idealizados.

A diferença não cabe em perfis engessados de pessoas, assim como em categorias e identificações que encaminham os alunos mais adiantados para dada turma e os mais atrasados para outra. Todos somos sujeitos únicos, singulares, heterogêneos. Não cabemos plenamente em quaisquer arranjos.

As peculiaridades definem a pessoa e estão sujeitas a diferenciações contínuas, tanto interna como externamente. Estamos, no entanto, convencidos e habituados às formas de representação da diferença, resultantes de comparações e de contrastes externos. Para Burbules (2008), essas representações constituem formas de pensar a diferença, como *diferença entre*.

Por se apoiar no sentido da *diferença entre*, nossa educação confirma, em muitos momentos, o projeto igualitarista e universalista da modernidade, baseado na identidade idealizada e fixa do aluno modelar. Embora já tenhamos avançado muito, desconstruir o sentido da *diferença entre* em nossos cenários sociais é ainda uma gigantesca tarefa.

A *diferença entre* está subjacente a todos esses entraves às mudanças propostas pela inclusão. Velada ou explicitamente, ao fazermos comparações, fixamos modelos, definimos classes e subclasses com base em atributos que não dão conta das pessoas por completo, excluindo-as por fugirem à média e/ou à norma estabelecida.

A diferença e as identidades são tão instáveis quanto o processo de significação do qual dependem. Elas têm sentidos incompletos e, sendo a cara e coroa da mesma moeda, ambas estão sujeitas a relações de poder, entre as quais as exercidas na escola. De fato, esta tem poderes para diferenciar e identificar os alunos, submetendo-os a mecanismos de inclusão e de exclusão educacional.

Contrapondo-se à *diferença entre*, a inclusão é uma reação aos valores da sociedade dominante e ao pluralismo, entendido como aceitação do outro e incorporação da diferença sem conflito, sem confronto.

Deslizes que possam ocorrer no entendimento do direito à diferença criam problemas e caminhos equivocados para os que buscam construir uma pedagogia alinhada à concepção inclusiva.

Os processos de diferenciação precisam ser cuidadosamente observados para que, na intenção de acertar, as escolas não acabem se perdendo e caindo em armadilhas difíceis de escapar.

Diferenciar *para incluir* é possível quando o aluno ou beneficiário de uma ação afirmativa estiver no gozo do direito de escolha ou não dessa diferenciação. Um exemplo é o aluno que pode optar pelo lugar que ocupará em uma sala de aula quando usa cadeira de rodas. Ele não é obrigado a se sujeitar à imposição de sentar-se sempre à frente de todos, em um lugar especial, definido por especialistas, se sua turma de colegas está localizada mais ao fundo.

Um aluno cego ou com baixa visão, que é o único a usar um computador na sala de aula, não será diferenciado e excluído se o computador o faz participar das aulas com autonomia e independência, por meio de um leitor de tela, por exemplo. Ele também tem o direito de estudar os conteúdos escolares em braile, com caracteres ampliados ou em MP3. Essas diferenciações são aceitáveis porque não constituem recursos que o colocarão à parte de seus colegas e em situação inferiorizada.

Nos exemplos de diferenciação citados, estão resguardados o direito à igualdade – estudar e compartilhar conhecimentos com os colegas de turma – e à diferença – que assegura ao aluno equipamentos, apoio da tecnologia na sala de aula e outros suportes e lhe faculta a liberdade de escolhê-los, de modo que se sinta melhor assistido para participar e aprender.

Alguns alunos são diferenciados por participar de programas de reforço escolar; no caso de outros, os estudos são realizados de acordo com atividades, conteúdos e avaliações adaptados e limitados, que professores e especialistas lhes prescrevem na ilusão de ser capazes de definir e controlar o aprendizado e/ou para não se decepcionar diante do que ensinam. Há mesmo intervenções realizadas por professores de educação especial, que acontecem na sala de aula, durante as atividades diárias, e também diferenciam alunos, excluindo-os da turma – ainda que temporariamente.

Muitos poderão entender que essas diferenciações visam incluir o aluno, pois do contrário aqueles com deficiência seriam relegados pela escola, por falta de atenção às suas necessidades. Ocorre que tais programas, por restringirem conteúdos e atividades escolares, são considerados discriminatórios e excludentes e atentam contra a liberdade de o aluno aceitá-las ou não no período de aula. A diferenciação *para excluir*, muito frequente, limita o direito de participação social e o gozo do direito de decidir e opinar de determinadas pessoas e populações. Na boa vontade de "customizar" o processo educativo, de modo que se ajuste ao feitio de cada um, a exclusão se manifesta, embora estejamos pretendendo o contrário.

Uma pedagogia da diferença

Como vimos, a tendência a diferenciar o ensino escolar comum para certos grupos de alunos ou mesmo para um único aluno é uma prática que não corresponde à educação verdadeiramente inclusiva. Trata-se de diferenciar o ensino para excluir.

Para que uma *pedagogia da diferença* seja exercida nas escolas, ela deverá acolher a diferença de todos os alunos. A diferença tem natureza multiplicativa, reproduz-se, amplia-se; não se reduz jamais ao idêntico e já existente. A diferença diferencia-se continuamente. Seres humanos, somos todos assim!

O acolhimento à diferença impede o nosso poder de decidir sobre o que nossos alunos têm ou não capacidade de aprender na escola comum com os colegas de sua geração.

Há, portanto, muita diferença entre a diferenciação para *excluir* e para *incluir*.

A pedagogia a que queremos chegar não seria jamais concebida como uma pedagogia que congela identidades. Que, em função dessa estabilidade construída, estabelece um campo específico, uma fórmula-padrão para atuar com cada uma delas. São típicas desse congelamento as pedagogias para alunos com deficiência intelectual, com surdez ou com problemas de linguagem, em que a "customização" do ensino considera o cliente um sujeito abstrato, desencarnado, ao qual se destinam procedimentos universalizados, generalizados.

A essa maneira de fazer educação comum e educação especial podemos chamar de *pedagogia da diversidade*. Ela se destina a etnias, religiões, gêneros, minorias em geral. Celebra identidades estáveis, prontas, que se impõem como representativas de grupos que buscam, entre outros objetivos, a afirmação social.

Difere por completo da *pedagogia da diferença*, construída no entendimento pleno da inclusão e destinada a alunos que não se repetem e para os quais é impensável sugerir qualquer "customização" educativa.

•••••

CONSIDERAÇÕES FINAIS

O MOVIMENTO INCLUSIVO nas nossas escolas caminha, infiltrando-se, criando novos caminhos para se estabelecer, conquistando os resistentes por seus resultados, refutando soluções conservadoras, apresentando soluções, convencendo os que duvidam, impondo-se pelo seu posicionamento democrático.

A escola inclusiva brasileira tem sólidas fundações, na lei, no vanguardismo dos que se dispuseram expandi-la, verdadeiramente imbuídos do compromisso de transformar a escola, para se adequar ao nosso tempo. Eles estão se multiplicando e surpreendendo, demonstrando a força desta ideia poderosa – que depende de uma expansão rápida dos projetos verdadeiramente imbuídos do compromisso de transformar a escola comum para se adequar aos novos tempos.

.....

REFERÊNCIAS

BRASIL. Congresso Nacional. *Constituição: República Federativa do Brasil*. Brasília: Centro Gráfico, 1988.

____. Congresso Nacional. *Lei n. 7.853/89*. Brasília: Centro Gráfico, 1989.

____. Congresso Nacional. *Lei de Diretrizes e Bases da Educação* (Lei n. 9.394). Brasília: Centro Gráfico, 1996.

____. Decreto n. 6.094, de 24 de abril de 2007. Dispõe sobre a implementação do Plano de Metas Compromisso Todos pela Educação, pela União Federal, em regime de colaboração com Municípios, Distrito Federal e Estados, e a participação das famílias e da comunidade, mediante programas e ações de assistência técnica e financeira, visando a mobilização social pela melhoria da qualidade da educação básica. Disponível em: <http://www.planal

to.gov.br/ccivil_03/_ato2007-2010/2007/decreto/d6094.htm>. Acesso em: 23 out. 2014.

____. Ministério da Educação. Política Nacional de Educação Especial na Perspectiva da Educação Inclusiva. Brasília: MEC, 2008.

____. Ministério da Educação. Secretaria de Educação Especial. Marcos Políticos-Legais da Educação Epecial na Perspectiva da Educação Inclusiva/Secretaria da Educação Especial. Brasília: Secretaria da Educação Especial, 2010a.

____. Ministério da Educação. Conferência Nacional de Educação: Documento Final. Brasília, 2010b.

____. Ministério da Educação. Conselho Nacional de Educação, Câmara de Educação Básica. Resolução n. 4 de 13 de julho de 2010. Institui Diretrizes Curriculares Nacionais Gerais para a Educação Básica. Brasília, 2010c. Disponível em: <http://portal.mec.gov.br/dmdocuments/rceb004_10.pdf>. Acesso em: 29 out. 2014.

____. Decreto n. 7.611, de 17 de novembro de 2011. Dispõe sobre a educação especial, o atendimento educacional especializado e dá outras providências. Diário Oficial da União, Brasília, 2011a. Disponível em: <http://www.planalto.gov.br/ccivil_03/_Ato2011-2014/2011/Decreto/D7611.htm>. Acesso em: 29 out. 2014.

____. Decreto n. 7.612, de 17 de novembro de 2011. Institui o Plano Nacional dos Direitos da Pessoa com Deficiência – Plano Viver sem Limite. Brasília, 2011b. Disponível em <http://www.planalto.gov.br/ccivil_03/_Ato2011-2014/2011/Decreto/D7612.htm>. Acesso em: 29 out. 2014.

____. Lei n. 12.764, de 27 de dezembro de 2012. Institui a Política Nacional de Proteção dos Direitos da Pessoa com Transtorno do Espectro Autista; e altera o § 3º do art. 98 da Lei n. 8.112, de 11 de dezembro de 1990. Brasília, 2012. Disponível em: <http://www.planalto.gov.br/ccivil_03/_ato2011-2014/2012/lei/l12764.htm>. Acesso em: 27 out. 2014.

____. Lei n. 13.005, de 25 junho de 2014. Aprova o Plano Nacional de Educação (PNE) e dá outras providências. Diário Oficial da União, seção 1, edição extra, 26 jun. 2014, p. 1.

BURBULES, N. C. "Uma gramática da diferença: algumas formas de repensar a diferença e a diversidade como tópicos educacionais". In: GARCIA, R. L.; MOREIRA, A. F. B. (orgs.). *Currículo na contemporaneidade – Incertezas e desafios*. 3. ed. São Paulo: Cortez, 2008.

CERTEAU, M. de. *A invenção do cotidiano – 1: artes de fazer*. 21. ed. Petrópolis: Vozes, 2014.

DORÉ, R.; WAGNER, S.; BRUNET, J. P. *Réussir l'intégration scolaire: la deficience intellectuelle*. Montreal/Québec: Les Éditions Logiques, 1996.

FÁVERO. E. A. G.; RAMOS, A. C. *Considerações sobre os direitos das pessoas com deficiência*. Apostila. São Paulo: Escola Superior do Ministério Público da União, 2002.

FOREST, M. "Full inclusion is possible". In: *Education-integration. A collection of readings on the integration of children with mental handicaps into the regular school system*. Downsview/Ontário: Institut Alain Rocher, 1985, p. 15-47.

FOREST, M.; LUSTHAUS, E. "Le kaleidoscope: un défi au concept de la classification en cascade". In: FOREST, M. (org.). *Education-integration*. v. II. Ontário: L'Institut A. Roeher, 1987, p. 1-16.

FREIRE, P. *Pedagogia do oprimido*. São Paulo: Paz e Terra, 1978.

GALLO, S. "Transversalidade e educação: pensando uma educação não disciplinar". In: ALVES, N. (org.). *O sentido da escola*. Rio de Janeiro: DP&A, 1999, p. 17-43.

GUATEMALA. Assembleia Geral, 29º período ordinário de sessões, tema 34 da agenda. *Convenção interamericana para a eliminação de todas as formas de discriminação contra as pessoas portadoras de deficiência* (original em espanhol), 1999.

KUHN, T. S. *A estrutura das revoluções científicas*. São Paulo: Perspectiva, 1962.

MANTOAN, M. T. E. "Teachers' education for inclusive teaching: refinement of institutional actions". In: *Revue francophone de la déficience intellectuelle, no spéciale*. Montreal/Québec: Colloque Recherche Défi, 1999, p. 52-54.

____. *Caminhos pedagógicos da inclusão*. São Paulo: Memnon, 2001.

____. "Produção de conhecimentos para a abertura das escolas às diferenças: a contribuição do Leped (Unicamp)". In: ROSA, D. E. G.; SOUZA, V. D. de (orgs.). *Políticas organizativas e curriculares, educação inclusiva e formação de professores*. Rio de Janeiro: DP&A, 2002, p. 79-93.

____. Os sentidos da diferença. Apostila. Mestrado e doutorado em Educação, Universidade Estadual de Campinas, Campinas (SP), 2013.

MITTLER, P. *Working towards inclusivn education: social contexts*. Londres: David Fulton, 2000.

MORIN, E. *O paradigma perdido: a natureza humana*. 4. ed. Sintra: Europa-América, 2000.

____. *A cabeça bem-feita: repensar a reforma, reformar o pensamento*. 4. ed. Rio de Janeiro: Bertrand Brasil, 2001.

ONU [UN]. Convention on the Rights of Persons with Disabilities. 2006. disponível em: <http://http://www.un.org/disabilities/default.asp?navid=15&pid=150>. Acesso em: 15 dez. 2014.

RANCIÈRE, J. *O mestre ignorante. Cinco lições sobre a emancipação intelectual*. Belo Horizonte: Autêntica, 2002.

SANTOS, B. S. Entrevista com o professor Boaventura de Souza Santos, 1995. Disponível em: <www.dhnet.org.br/direitos/militantes/boaventura/boaventura.td.html>. Acesso em: 8 set. 2014.

SILVA, T. T. *Identidade e diferença: a perspectiva dos estudos culturais*. Petrópolis: Vozes, 2000.

NOTAS FINAIS/ AGRADECIMENTOS

NA NOVA EDIÇÃO DESTE LIVRO, revista e ampliada, contei com a colaboração de Claudia Pereira Dutra, secretária nacional de Educação Especial do Ministério da Educação de 2003 a 2013, e de Martinha Clarete Dutra dos Santos, atual diretora de Políticas de Educação Inclusiva do Ministério da Educação.

Amigas e companheiras de muito tempo e pessoas que deram e dão grande impulso à educação especial na perspectiva da educação inclusiva no Brasil, essas professoras colaboraram decisivamente para que a inclusão fosse implementada em nosso país – um dos que mais avançaram, em termos de legais e educacionais, no cenário internacional da educação.

Ambas me ajudaram a atualizar o Capítulo 2, que trata dos marcos legais da educação especial, pelo que agradeço imensamente.

Foi com muita honra que contei com a participação de duas educadoras progressistas e democráticas a quem muito devemos, como professores, pelo que nos legaram e continuam realizando em favor da inclusão.